楊雅筑 諮商心理師——著

打破單身焦慮、
容易暈船與極端依賴，
解放想用愛情證明自我的你！

愛情成癮

目錄 CONTENTS

第一章

認識愛情成癮：為什麼我們如此渴求愛？

第二章

愛情成癮的特徵：痛，但卻離不開

CONTENTS——目錄

第三章

單身即地獄？為什麼單身讓我們感到如此焦慮？

第四章

是什麼讓我們如此渴望愛？

CONTENTS 目錄

第五章 僵化的防衛反應，使我們離真實的愛越來越遠

第六章

走出愛情癮：愛情，從愛回自己開始

提醒

心理健康知識與介入方法會與時俱進，可能不完全有技術或建議能保證在任何情況下都安全或有效。本書僅希望能提供大眾對心理學知識有更多了解，藉由心理學更認識與探索自己，但此書並不能取代心理諮商、心理治療或任何身心醫療專業資源，如您對於提升自身身心健康希望了解更多，歡迎就近尋求心理諮商／治療、身心醫學等專業相關醫療資源協助*。

* 為維護個案福祉與保護當事人隱私，本書列舉案例故事皆為虛構，或參考大眾媒體影視部分片段等大幅改編、抽換而成。如有雷同，純屬巧合。

第一章

認識愛情成癮：為什麼我們如此渴求愛？

急於脫單，就不用去面對那種孤單感

亞秤在社群平台上非常活躍，時常更新自己的動態、照片，從中可以看到他精心打扮的穿著、精采的社交聚會、對事業充滿想法和精緻有品味的生活……等。但即使亞秤擁有這些看來多采多姿的動態，只要當身邊的友人、同事或同學傳來戀愛、結婚或是懷孕的消息，卻總讓亞秤感到莫名焦慮和孤單，感覺自己好像是個有問題的人，於是更加積極地尋找對象，彷彿一定要有對象，才能證明自己是「夠好的」、「沒有問題的」，就不用一直去面對那種格格不入的孤單感……

容易暈船，稍微接受一點善意，就輕易陷入愛河

家華一直很渴望一段親密的感情，他現階段最大的期待，就是找到自己的人生伴侶、結婚、建立自己的小家庭。也因為這樣，每當有人對他釋出善意，也許只是同事打招呼時對他露出燦爛的笑容，或工作中同事幫了他一個

小小的忙，都會讓家華感覺小鹿亂撞，不經意開始注意起對方的一舉一動，好奇對方對自己的感覺和想法，期待兩人相處的時間更多，想像會不會有一天對方會喜歡上自己。

因此，家華會為對方準備驚喜，早午晚都傳訊息關心，無微不至地照顧對方，想像著兩人幸福美好的未來。但現實往往不如預期，家華滿滿的關心與照顧，常常讓對方覺得喘不過氣，開始逃避或冷處理。家華不懂，為什麼自己付出那麼多，卻還是得不到愛？

極端依賴，非常害怕另一半離開自己

事業有成的彥廷，在工作上總能獨當一面，但在感情中卻會變一個人，時時刻刻都需要對方的注意與關心，當對方訊息稍微回得晚一點，都會讓他整天心神不寧、胡思亂想，深怕對方在跟別人聊天、跟別人有其他互動。

這些恐懼讓彥廷在關係中變得特別敏感、依賴和焦慮，他需要不斷確認對方是否還愛自己，甚至會要求更多的相處時間、更頻繁的肢體接觸，才可以稍微安心一點。

但感情最終總是禁不起這麼多的質疑與考驗，當對方因受不了這些無止盡的壓力而提出分手，彥廷就會再次陷入深深的自我懷疑和自責，他明知自己的不安全感一次又一次扼殺了自己的感情，卻又難以控制自己對關係的依賴與恐懼……彥廷覺得，越來越討厭這樣的自己了。

愛情成癮：過度渴望與過度依賴的心理狀態

愛情成癮（Love Addiction）的概念大約出現於一九七五年，史坦頓．皮爾（Stanton Peele）與阿契．普洛多斯基（Archie Brodsky）在《愛與耽迷》（*Love and Addiction*）一書中，將某些愛情關係中的特定行為反應，歸類為成癮症狀的一種。接著一九七六年，美國匿名戒酒會（Alcoholics Anonymous，AA）成員在波士頓創立「匿名性與愛情成癮者協會」（Sex and Love Addicts Anonymous，SLAA），直至一九八六年該協會出版了《匿名性與愛情成癮》（*Sex and Love Addicts Anonymous*）一書後，愛情成癮的概念才開始越來越廣為人知。

然而，愛情成癮的定義與範圍至今仍未有明確定論，在歐美雜誌、書籍、學術研究或許可見「love addiction」（愛情成癮）一詞，但在醫學診斷中，並非像藥癮、酒癮等物質相關及成癮障礙症（Substance-Related and Addictive Disorder）等已有明確的診斷標準。

本書中使用愛情成癮一詞，嘗試描述的是一種心理狀態，有可能來自於社會結構體制不斷製造對單身的標籤、汙名、恐懼與焦慮，使身處於父權社會的我們感覺似乎有對象才是對的、正常的；也有可能在過去原生家庭的經驗裡，未曾獲得足夠的照顧與滋養，使我們轉而過度渴望、過度依賴感情關係，或甚至為了獲得這些愛情關係，犧牲了自己的需求和價值。有時這樣的反應可能來自於我們內心的不安、恐懼，或是我們過去經驗裡曾經受的傷，這些原因都可能使我們陷入不斷追求愛情、卻得不到快樂的狀態。

本書並不想將愛情成癮傾向視為一種問題、或是一種疾病，而是希望能用較宏觀的角度來整理愛情成癮傾向的脈絡與經驗，我們能不能為自己騰出多一點空間，試著探索這些依賴與渴求的背後，那些不安、害怕與恐懼是什麼，這樣我們才有機會能夠幫助自己、更加貼近自己，進而找回自己的需求和價值。

愛情成癮，讓你總是陷入辛苦的戀愛關係中

一旦陷入愛情成癮的狀態，可能會容易陷入苦戀或虐戀等關係之中，有時候，我們可能會容易受某些人吸引，而這麼說：

「他說只有我能聽懂他、理解他。」

「他說，他從來沒有過這種感覺，這是他第一次有這種（心動／安心的）感覺……」

「他說他真的很愛我，他也不想傷害我，只是他不知道要怎麼辦？」

「我知道他不是故意（曖昧／劈腿）的，他都有告訴我，這是因為他重視我，才跟我坦承。」

「他說他知道無論發生什麼事，我都會待在他身邊，他說我很特別……」

這些情感關係，可能是存在依附威脅或危險的關係，如：情緒勒索、情感忽視、PUA、煤氣燈效應、情感或肢體暴力、第三者、偷情、劈腿、多角戀（非自願性的多角關係）等；也可能是模糊曖昧與藕斷絲連的關係，例如無法給出明確回應，卻又給出空泛的承諾，像是說：「我現在對你沒感覺，但未來我還不確定，也許我們會有發展的可能」，或是對方給予明確回應，卻難以在關係中穩定下來，像是說：「我現在是跟你在一起，我現在也是愛你的，但我不保證不會對別人有感覺」、「我不想傷害你，你不要對我有所期待，你知道我就是這個樣子」……。

對於「愛情成癮」的人們來說，可能會不自覺下意識地去合理化對方的行為，或壓抑、淡化自己的感受，讓自己可以在察覺潛在威脅或危險時，降低這些嫉妒、不安、焦慮等負面情緒的困擾，而讓自己得以持續待在這樣的關係裡（不論原因為何），但這真的是健康的「愛」嗎？

這樣的關係，是讓我們覺得更有安全感、還是更不安？這樣的關係，是讓我們覺得自己更好、還是更糟？我們也許或多或少能感受到「被愛」的感覺，但未必能有機會「被好好地、有安全感地愛著」。當我們從小不曾感受過有安全感、有信任感、有健康界線的愛，我們很容易誤以為某些行為就是愛，而這樣的愛未必對我們的身心健康有好處。但是身而為人，又需要情感連結才得以生存，在種種困境組合之下，很容易會一不小心就深陷我們以為「美好的」愛情關係之中。

成癮，可能是我們以為能解決問題的方法

愛情成癮傾向，也許可視為一種身心因應的策略或方式、一種我們以為或試圖解決問題的方法，為什麼這樣說呢？**很多人會覺得成癮是問題，但成癮往往是最後呈現出來的結果。**很多時候，成癮反而比較像是一種人們以為可以解決問題的方式，或更直接地說——一種我們以為可以舒緩或解決痛苦的方式。我想，如果有選擇，應該不會有人想成為成癮者；如果不小心成為

成癮者，應該也沒有人會希望這樣過一輩子，讓癮控制自己與人生。

所以，其實我們更需要去探索的是：是什麼讓我們成癮的呢？如果成癮是最後呈現出來的結果，那我們往回看可能會發現，**成癮往往是從已存在的痛苦開始的**，畢竟一個生活得快樂自在的人，不會沒事需要去找「樂子」，在尋找的過程中卻讓自己成癮。常常是當我們深陷於難以承受的苦痛、身處於晦暗的深淵低谷時，我們不曉得該如何去面對它、也很難面對它，又不想長期處在這樣的狀態，因為人類面對痛苦的本能就是遠離，人類的本性就是趨樂避苦。

那為什麼我們偏偏會自己往火坑裡跳？像飛蛾撲火一樣呢？可能在那個快要撐不下去的當下，也許我們以為那火是能引領自己的光，如同能拉自己一把、救自己脫離苦海的浮木，結果卻讓自己傷得更深。

在愛情成癮的關係中，人之所以會不自覺地往不健康的關係裡跳，可能來自於初期浪漫甜蜜的假象，好像暫時舒緩或滿足了某個情感上的需求，讓我們嚐到了甜頭，更不捨離去；殊不知當我們未能釐清與整理自己的狀態，將自己拋入一段界線不健全或不適合自己的關係中，就像企圖「以痛治痛」，反而可能造成更多不安全感，尤其時不時間歇出現的幸福，又再次讓你離不開對方……。因此，是什麼讓你需要以「愛情」解痛、引發愛情成癮，才是我們需要深入探索的關鍵。

盼能藉由本書的梳理，讓大家更了解愛情成癮傾向背後社會結構的脈絡、愛情成癮傾向的特徵、樣貌、類型、身心反應以及如何調適、重新照顧自己，幫助大家在處理自身關係時，能更了解自己、為自己拓展更多的彈性、減緩感情關係的痛苦，有機會發展既親密、健康又自主的愛情關係。

什麼是「愛情成癮」？

談愛情成癮之前，我們先了解什麼是成癮。嘉柏．麥特（Gabor Maté）是一位長期在加拿大溫哥華與成癮者工作的醫師，他在TED演講中提到[1]，

1 TEDx Talks. (2012, Oct.10). *The Power of Addiction and The Addiction of Power: Gabor Maté at TEDxRio+20*. [Video]. YouTube. https://www.youtube.com/watch?v=66cYcSak6nE

他認為成癮的定義是：「一個可以讓你暫時鬆一口氣、獲得一時滿足的行為，但長期下來，會導致傷害或產生負面影響，讓你明知有害卻不願放棄的行為，就是成癮。」

從這樣的定義來看，成癮的對象其實可以很廣泛，從常見的咖啡因、菸酒、藥物、網路，甚至購物、工作，及本書想探討的愛情關係，都可以納入其中。

美國婚姻家庭治療師貝琪．威特史東（Becky Whetstone）博士提出，愛情成癮傾向有幾個特徵：

- 害怕被拋棄
  - 沉迷型：總是擔心伴侶會離開你
  - 迴避型：不惜代價逃離情感親密關係（這樣我就不會被拋棄了）
- 無法停止地想著對方，幾近沉迷
- 伴侶是你在人生中感覺美好的唯一事物
- 伴侶是你值得活下去的唯一理由

以上的關係狀態已經形成一種僵化的行為模式，即使分手了，也很快就會再進入下一段關係，產生類似的互動模式。

二〇一八年美國精神病學與行為科學家馬薩爾・桑切斯（Marsal Sanches）及維尼斯・約翰（Vineeth P. John），在《歐洲精神病學期刊》（*European Journal of Psychiatry*）的研究中也提到[2]，愛情成癮顯現出一種行為模式：

> 表現出對一個或多個伴侶無法適應、過高的興趣，導致失去控制、放棄其他興趣／行為及其他負面後果。在愛情成癮中，不成熟的愛——不確定性、盲目的、超過個人所能控制的愛——會滲透進愛情成癮者的生活中。

---

2 Sanches, M., & John, V. P. (2018). Treatment of Love Addiction: Current Status and Perspectives. *The European Journal of Psychiatry, 54*, 7. https://doi.org/10.1016/j.ejpsy.2018.07.002

延續這個定義，從匿名性與愛情成癮者協會提出的「愛情成癮者的十二項特徵」[3]，更能看出愛情成癮者容易在情感關係中顯現出的情感表現與行為模式：

一、由於幾乎沒有健康的界線，會在尚未了解對方的情況下，與對方發生性關係和／或對對方產生情感依戀。

二、害怕被拋棄和孤獨感，會留在／回到痛苦、破壞性的關係中，且為了對自己和他人隱瞞依賴需求，導致與朋友、親人、自己和信仰的關係越來越孤立和疏遠。

三、由於害怕情感和／或性方面的匱乏，強迫自己追尋並捲入一段又一段關係中，有時甚至同時維持多段性或情感聯繫。

四、將愛與需要、身體和性吸引、同情和／或拯救或被拯救的渴望混為一談。

五、當獨自一人時，容易感到空虛和不完整。儘管害怕親密和承諾，但仍不斷尋找關係和性接觸。

六、將壓力、內疚、孤獨、憤怒、羞恥、恐懼和嫉妒轉化為性需求。習慣用性或情感依賴，來代替關懷與支持。

七、習慣利用性和情感來操縱和控制他人。

八、因沉迷於浪漫幻想或性幻想，而無法動彈或嚴重分心。

九、習慣藉由依附無法給予情感回應的人，來逃避自己的責任。

十、被情感依賴、祕密或地下戀情或強迫性性行為所奴役。

十一、為了避免感到脆弱，我們可能會迴避更深入的親密關係，而誤以為性壓抑和情感剝奪是一種痊癒的跡象。

十二、賦予他人特別美好的特性，理想化並追求那些人，然後責怪那些人沒有滿足自己的幻想和期望。

簡要整理以上的定義，本書所稱的愛情成癮傾向，大致上包含以下兩項

3 The Augustine Fellowship, S.L.A.A. (1990). *CHARACTERISTICS OF SEX AND LOVE ADDICTION*. https://slaafws.org/. https://slaafws.org/download/core-files/Characteristics-of-Sex-Love-Addiction.pdf

特性：

一、試圖藉由曖昧、性關係或戀愛等情感關係來獲得一時的滿足，但長期下來明知對自身（包含自己、自身的生活或情感關係等）會導致傷害或負面影響，仍難以停止這樣的行為。

二、承上，且這樣的行為模式可能不只一次，已經形成一種會不斷重複的行為與情感關係模式。

我們需要釐清的是，戀愛本身不是問題，問題是我們為何戀愛？雖然戀愛本來就不一定永遠都是甜蜜的，但在愛情成癮傾向的關係中，有時我們可能會藉由投入不穩定的情感關係或性關係，來獲得暫時的情感安慰、舒緩或滿足，我們可以把它想像成咖啡因、菸、酒精或毒品，也許它讓我們暫時舒緩了情緒與壓力，但它對我們的影響是什麼？在這些不穩定的關係中，當我們深陷愛情成癮傾向時，我們可能容易過度投入、以致失去控制，長期下來易產生負面結果，卻難以停止。

我們是否曾經停下來想過：我把戀愛關係視為生活中的什麼？減緩單身

焦慮、消除對單身的標籤與汙名的方法嗎？我試圖用愛情來填補什麼？是我過去原生家庭失去的父愛／母愛嗎？我期待對方彌補童年缺席的父親／母親的位置嗎？當我們未曾意識與覺察時，這些錯誤認知很可能使我們的關係失衡、造成對方的壓力；同時，這些不計後果的戀愛，也可能使我們再次失望與失落。

第二章

愛情成癮的特徵：痛，但卻離不開

你會不會這樣？
有些地方，你一輩子再也不想回去
有些人，再也不想遇到
有些電話，從此就想delete掉
但沒有辦法，對不對？

……

就好像有些事，你以為你早已忘記，沒想到，卻影響你一輩子。

——電影《愛的發聲練習》

我們都在愛情裡拚命付出，但什麼是愛？為什麼總讓我們跌得遍體鱗傷？對愛情成癮傾向的人來說，愛更是經常讓他們傷痕累累。這種愛情成癮的關係，可能會有哪些特徵呢？

強烈的匱乏、孤單感：不論伴侶是否在身邊，總是感到孤單

當我們深陷愛情成癮時，容易讓我們時常感到孤單，這與一個人獨處與否不太有直接的關聯。

人難免會有一個人獨處的時候，即使我們有穩定交往的伴侶、關係親密的家人，但不可避免地，他們不太可能二十四小時都時時刻刻陪伴在我們身邊，但我們不見得會覺得他們就消失了、不見了、失去他們了，或覺得他們可能不愛我們了；也不見得會因為所愛的人不在身邊，就感覺孤單寂寞到難以忍受。

但對愛情成癮傾向的人來說，所愛之人能一直待在身邊非常重要，也因為這樣，當對方不在身邊，會很容易感覺到特別孤單、寂寞、空虛。

在人類發展過程中，嬰幼兒需要仰賴成人的照顧才得以生存下來，因此嬰幼兒對於主要照顧者有較高需求的依附行為與反應，如：需要主要照顧者的關注、陪伴、照顧、安撫等，當主要照顧者突然離開、消失時，孩子會覺得害怕、恐懼、不安，這是一種依附系統啟動很自然的反應，都是為了重新獲得與主要照顧者的親近與依附連結。

隨著孩子身心發展及與照顧者建立穩定的依附關係，孩子逐漸對其產生信任感與安全感，大約二到三歲左右，即使照顧者短暫離開，他們也相信照顧者會再回來，因短暫分離而帶來的焦慮感也會逐漸下降，但不代表這些分離焦慮的反應不會再出現，若面臨較大或較新的挑戰時，如：從幼兒園升小學、進入新環境，都有可能會喚起年幼孩子的焦慮反應，可視為是一種依附系統為了重新從依附對象獲得保護、安撫、照顧、安全感的反應，而當孩子能感覺到安全，自然就會回到原本的學習、生活環境裡，自在地向外探索。

但當童年時期較少經驗到穩定、安全、有回應、可依靠、可預測的依附關係時，會比較難以發展出對關係與環境的信任感與安全感，很可能將在原生家庭體驗到的不穩定、不安全、不一致、無法預測的感覺，帶入到其他人際關係中，例如：朋友或是伴侶身上，這些不安很容易顯現在「難以忍受的孤單、空虛感、寂寞感」上，就好像情感上的飢餓，有一種永遠都吃不飽的感覺，雖然我吃了這一餐，但可能會很擔心下一餐在哪裡？我會不會下一餐就沒飯吃了？如果沒飯吃我要怎麼辦……？對於可能的不確定與不穩定充滿了恐懼。

其實要一直待在這樣的恐懼、不安、焦慮裡，是一種很不舒服的感受，因此有些人就會試圖以各種方式去迴避、淡化這種感受，像是瘋狂參加各式各樣的活動、置身喧鬧人多的場合、埋頭在無止盡的工作中、穿梭在一段又一段的曖昧或情感關係中、甚至是訴諸菸／酒／藥癮，企圖讓自己的時間空間全部被其他人事物填滿，在這些「填滿」的過程中，盡可能逃避與自己相處的時間，因為只要與自己相處，那些孤單、寂寞、空虛的感覺或自我對話的聲音，就會一連串無窮無盡地冒出來，讓愛情成癮傾向者感覺快要被這些不安所淹沒，明明是一個人，卻寂靜得尖銳刺耳。

合理化：他不是故意的，他只是不知道怎麼愛人

為了讓自己不那麼孤單、能繼續留在這個關係裡、迴避掉一個人獨處（或跟對方在一起）時的孤寂感，很多時候愛情成癮傾向者，很容易也很習慣「合理化」對方各式各樣的行為，例如：

- 對方口出惡言、羞辱、人身攻擊：

↓**合理化**：他是因為在乎我，才會用這麼嚴厲的方式提醒我、罵我。是

我惹他生氣，他才會這樣對我。

- 感受不到對方的愛與尊重：

↓**合理化**：他不是故意的，他小時候跟家人的關係不好，他也不知道什麼是愛、怎麼去愛人，但他說他是在乎我的。

- 對方到處認識新對象：

↓**合理化**：他是因為工作需要，必須經營人脈，我不應該成為他成功路上的絆腳石，他會這麼想要成功，也是為了給我更好的生活。

- 對方跟別人曖昧：

↓**合理化**：是我沒有經營好關係，讓他在我們的關係裡不開心、不滿足，才會需要去外面找別人。雖然他看起來跟別人曖昧，但他心裡其實還是覺得，我才是那個特別的人。

這種「合理化」很像一個濾鏡，會下意識地幫對方找各式各樣看起來似是而非的理由。對方明明不尊重自己，但愛情成癮者看到的不是這些行為，而是會去從對方行為中的蛛絲馬跡，搜尋出對方重視自己的「證明」，例如想起對方對自己說過「我真的不是故意的，只有你可以理解我」、「只有在你面前，我才可以真正地做我自己」……等，去合理化對方這些傷人、不尊重人的舉動。

因為好像只要合理化了，就成功美化了對方，好像對方並不是那麼糟糕、可惡、不重視我、不在乎我、不尊重我、不愛我的人，對方不是故意的，其實這段關係還有那麼一點愛、還有那麼一點希望，那就像是灰燼裡的小火苗，會讓你對這段關係還抱有一絲希望、還能繼續努力下去的盼望。只要這個人沒那麼糟、還會自我反省，那他就有機會改變，只要他願意改變，你們的關係就有可能會跟以前不一樣，也許就會越來越好？

理想化：朋友都說他不是真的愛我，但我相信他很愛我

理想化就像是一種轉移的期望，也許是期盼從童年破碎的關係，找到一個跟父母親或主要照顧者不一樣的人，期待這個人會和父母親擁有不一樣的特質。

美國婚姻家庭治療博士、資深心理治療師大衛・里秋（David Richo）[4]以移情（transfer）描述我們會將情感、需要、期望、偏見、幻想、信賴和態度，從過去生命中的重要人物，轉移到現在身邊的人，以一種最原始的方式，讓我們看見我們內心那個沒說出來的故事與想望。

但當我們沒有察覺自己的移情時，我們很有可能會不斷在關係裡重蹈覆轍而未曾察覺，我們也許不一定是希望找到一個可以替代、彌補或改變過去的人，但可能很容易找到與過往經驗相仿的對象，因為他們讓我們感覺熟悉，這樣的動力，也可能會促使我們待在我們以為自己想要的關係裡。

「理想化」對方，就像是幫我們自己戴上濾鏡，神化、美化對方，而我們從濾鏡看到的對方，再微小的優點都會被不斷放大、再大的瑕疵都會縮小甚至消除，在這樣的「美肌效果」下，我們很容易會以為對方就是自己想要的那個人、這段關係就是自己需要且想要的。

---

4 大衛・里秋（David Richo），梁麗燕譯，《與過去和好》（*When the Past Is Present*），啟示出版，二〇一二。

里秋博士指出，這樣的情況有兩種可能：一、我們可能將自己的信念、判斷、恐懼、欲望或期望投射在彼此身上；二、我們可能將另一人的特徵或期望移情到彼此身上。一旦如此，我們就像是扭曲了自己的想法、感受、視野，無法如實地看待對方、自己與這段關係真正的模樣。

在愛情成癮傾向者的想像裡，對方的狀態、形象很容易被高估，也許在關係初期，對方真的曾經有過善意的舉動，但當我們處於愛情成癮傾向時，很容易產生月暈效應（halo effect），將其初期好的部分放大、過度推論概括至其他的層面上，對方也許只是一個小小的舉動，例如傳一個簡短的訊息詢問「你還好嗎？」，我們可能就過度詮釋，認為對方是個溫暖的人，很看重自己的感受，但實際上對方未必有相應的實際行動；或者對方可能在一開始的確跟你說「如果需要有人聽你說或需要幫忙，就打給我」，這個邀請的確很吸引人，對情感匱乏的我們來說，就像是荒漠中的甘露，很容易被對方開出的支票所吸引，以為對方真的會兌現、真的會把自己放在心上，默默地在心中不斷為對方提高權重，讓對方在自己心裡的分量越來越重、越來越多，但對方真的如他所說的那麼好嗎？他真的有兌現他開出的承諾，真誠地對待你、在乎你的感受嗎？他真的願意傾聽你、與你溝通協調、在關係裡調整自己嗎？還是一直以來，你都只聽見他給的承諾，但從未真正兌現？會不會其實你愛上的並不是真正的對方，而是你對於愛情的美好想像？

麻木：只要不去想就好了，獲得一種短暫而虛假的寧靜

感覺其實是一種很特別的東西，你看不見它，但它總是會在你的身體裡提醒你，也許是隱隱作痛、也許是鬱悶、也許是煩躁、也許是擔憂焦慮……。其實，要待在一段不穩定、孤單、寂寞、沒有安全感的關係裡，是一件蠻違反人性的事，要一直忍受孤單、寂寞、空虛、不穩定、不可預測，也很容易帶來焦慮、不安、恐懼、害怕的感覺，那為什麼就是有人可以待得住？麻木，其實就是一種因應的方式。

麻木是一種降低我們情緒感受力的方式，特別是當我們感受到過於強烈、難以承受的情緒或壓力時，它會啟動我們大腦的開關，自動調降／關閉我們對情緒的感覺，就像當家裡的用電量超過安全負荷量時，總電源會跳

電，是一種防止用電超載的安全保護措施，我們的身心也有相仿的機制，能讓我們在經歷過大的生命打擊、身心脆弱時，避免遭受到更多、更劇烈的傷害和痛苦。

在深入談麻木這個反應之前，我們先來了解身心常見的壓力反應：戰鬥／逃跑反應，當人類遇到危險或威脅時，會啟動我們的壓力反應（也稱為生存反應），藉由交感神經系統及ＨＰＡ軸（下視丘—腦下垂體—腎上腺軸，Hypothalamic-Pituitary-Adrenal Axis）調控你的身體，調度出緊急的能量，如：心跳加快——促使血液流動加速，呼吸變得短而急促——吸入更多氧氣以提供肌肉更多能量，肌肉緊繃——讓你有足夠的肌肉強度以應付戰鬥或逃跑的爆發力，這都是為了使你能做出「戰鬥」或「逃跑」的反應，以從危險或威脅中生存下來。

但你會發現戰鬥和逃跑，也許不見得適用於所有危險或威脅情境。史蒂芬・W・波吉斯（Stephen W. Porges）是第一位提出多重迷走神經理論（Polyvagal theory）的科學家[5]、也是創傷壓力研究聯盟的董事，他指出：雖然主動的「戰鬥／逃跑」策略，是面對危險或威脅的適應性反應，但當無法逃走或做出防禦時，戰鬥／逃跑行為就顯現不出適應力了，此時，會引發身心的第二種防禦系統——非主動地關閉防禦策略。也就是說，**當我們所處的情況是我們難以反抗、或是想逃也逃不了，麻木會發揮像麻醉劑的功能，阻隔我們面對外在或內在世界的反應，關掉了我們的情緒感受，如同一種心理的保護機制一樣，讓我們能從難以承受的痛苦中，拉出心理（情緒）距離、得以繼續待在裡面。**

在這樣麻木的狀態下，彷彿只要不去想起那些讓你感到受傷、難過、沮喪的片段，你就可以得到短暫的寧靜，但你也會發現，只要繼續待在這個不穩定、不安全的關係裡，這樣寧靜的片刻，其實是虛假也不長久的。

麻木或許可以帶來一些好處是，讓我們身處於一段情感上難以承受的關係中，而不會太過痛苦，可以繼續經營這段關係；但關閉感受力的壞處，是我們也很難感覺到快樂，因為麻木是直接關閉感受力的開關，會讓人產生一

---

5 史蒂芬．W．波吉斯（Stephen W. Porges），謝汝萱譯，《多重迷走神經：找回安全感與身心治癒的全新途徑》（*The Pocket Guide to the Polyvagal Theory*），柿子文化，二〇二四。

種抽離感，長期抽離也會讓人覺得鬱悶、空虛、迷茫，像是行屍走肉一般，很可能讓我們難以在生活中投入情感，導致失去興趣、對什麼事都提不起勁、缺乏動力、心情平板、沒有起伏。

更糟的情況是，如果這些痛苦、悲傷的情緒都在麻木中一直被壓抑，它們並不會因為壓抑而消失不見，反而會不斷累積，而一旦情緒爆滿超過我們可以負荷的範圍時，我們可能會變得比之前更敏感、易怒，更容易產生情緒失控的情況。

痛但離不開：明知自己在這段關係裡感到痛苦，卻總是離不開

對於愛情成癮傾向的人來說，不見得不知道自己在關係中很痛苦，但卻很難下定決心要離開對方、或結束這段關係，常見的原因有幾個：

一、捨不得、放不下：愛情成癮傾向者在關係裡，往往面臨著趨避衝突——在這段關係裡，可能會想起或覺得對方也有對自己很好的時候、彼此曾

經擁有過甜蜜美好、或是對方身上就是有一些深深吸引自己的特質，但同時間關係裡也有讓自己很痛苦、煎熬的部分。當這兩者同時存在時，就會難以取捨，陷入一方面又想靠近、一方面又想離開的兩難。

二、不甘心：不甘心的感受背後往往存在著生氣、不平衡、不公平與憤怒等情緒，為自己已經投入的、已經失去的感到不平，很多時候跟投入成本有關，以投資來比喻，當我們投入大量的資金在標的上，雖然明顯可見賠了很多錢，但有時我們會因為害怕無法回收大筆資金，而選擇繼續被套牢，只能賭未來前景看好，看能不能把賠掉的賺回來。但現實情況中，因為沉沒成本而賠掉未來的，其實大有人在。有時候，在情感關係中，愛情成癮傾向者也可能會不甘心讓自己已經投入的心力、感情、時間、金錢等付諸流水，覺得自己才是正宮，試圖想坐穩自己的位置，好像戲棚下站久了就是你的，但感情是很難勉強而來的。

三、或許是自己努力不夠：為了讓關係還有持續下去的可能，你可能會把矛頭指回自己身上，很多時候可能來自於難以掌控情況、或對方不願意為關係調整，於是轉而試圖調整自己，像是反覆地反省自己，看看是不是自己哪裡做得不好、不夠努力？彷彿只要想得再透徹一點、再努力一點、再退讓一點、再妥協一點……，或許情況就會不一樣？兩個人的關係就會有一點不同？但很殘酷的事實是，關係是沒辦法靠一個人改變的，雖然你可以藉由改變自己，讓對方感覺到你的不同，進而「被你影響」，但前提是對方要願意被你影響，如果對方不願意調整、不願意一起努力，靠你一個人要經營兩個人的關係，其實是一件很辛苦的事。

四、抱著一絲希望，期待對方會改變：愛情成癮傾向者對情感關係有時會有種信心或執著，寧可選擇去相信自己的「眼光」、當時的「選擇」，相信在他們眼中的對方是很美好的，總能記起對方身上那些好的地方，即使也許只有剛認識、幾周或幾個月的短暫片刻，但那些美好的片刻總能像鴉片一樣，在感覺到痛苦的時候，即時浮現幫助止痛，那也像是浮木，讓人即使在關係痛苦的汪洋中，還能勉強抓住而不至於溺水。他們寧可相信自己沒有愛錯人，相信自己當初喜歡上的、看上的那個人，是可以對自己好的、是會改變的，深怕摔碎了自己當時對對方的美好印象，就是在否定自己當時的選擇，證明自己真的愛錯人、做錯決定和判斷。要去承認自己真的看錯人，就好像承認自己真的錯了一樣困難。

五、越禁止越愛：當外界對這段感情都不看好的時候，很容易引發「羅密歐與茱麗葉效應」（Romeo and Juliet effect），讓你感覺自己才是那個世界上唯一可以了解對方和這段關係的人，是因為外人不懂，才會想要拆散你們，這些外部阻抗的力量越大，反而使這段戀情看來越特殊、越珍貴、越難得，這會更加深原先對對方的「獨到的眼光」，讓對方與這段關係，在你心目中變得越重要、越有價值，並試圖藉由繼續在一起，去證明別人都錯看了對方與這段關係。

不論是上述哪一個原因，都可以回歸到你可能還是對這段關係抱有期待，寧可相信一定還有轉圜的餘地，不會放棄一絲微小的希望，只要還有一點可能，你都願意去相信、去嘗試、去努力，只要能留住這段關係就好。

有時會讓我們如此迫切地想留住這段關係，可能也與我們急迫的絕望感有關，我們可能會以為只有眼前的人可以理解我、喜歡我、想要我，這與下述「失去自信」也有很大的關聯。

失去自信：離開他就沒有人要我了

待在這樣不穩定的關係裡，就算一開始你也許還不至於沒自信，但在這些反覆來回的消磨過程中，特別是若你正處於較不穩定的身心狀態（剛經歷重大改變、重大失落等）、缺乏穩定的心理界線時，你可能也會越來越容易被對方的強勢攻擊或是被動攻擊影響，尤其再加上一開始對對方的好感產生的月暈效應，很容易對對方的言詞、態度與反應全盤接收，被對方說服而懷疑自己，以為對方貌似「很有道理」的言行，是比較對、比較合理的，以為自己做錯了、是自己不對、是自己不夠好，所以對方才會這樣對待自己，才不願意對這段關係專一，好像對方那些傷害人、破壞關係的舉動，都是你造成的、是你的錯。

對方可能會這麼說：

「你竟然不知道我喜歡什麼？連買什麼晚餐這麼簡單的問題，你也要來問我？你有沒有腦啊？」

「我是為了你，才開這麼遠的車來找你，你不願意跟我上床，就是不在乎我的感受啊！你是不是外面有別人？」

「沒關係！你不配合我，那我就去找別人，跟你講這麼多真的很累，搞得我好像還要討好你、看你臉色一樣！」

當對方開始將自己的責任與錯誤都推到你身上，開始指責、批評、攻擊、貶低、羞辱你，試圖讓你以為是你的錯、是你的問題、是你造成的，在這一連串的操控、羞辱之下，你可能會以為自己真的很糟、很醜、很爛、很笨、很蠢，沒有人會喜歡這樣的你，他還願意跟你在一起，是看你可憐，覺得你還可以、還算聽話，不然誰受得了這樣的你？

但是，你有沒有發現，這些話都是在貶低你的自我價值、羞辱你的人格特質、擊潰你的自尊，而當你的世界越被他孤立、接收到的都是這些謊言，你的自信、自尊就越容易在這些過程中被吞噬殆盡，你會越來越壓抑、甚至忽視自己的感受，以為對方說的是真的，用對方的眼光來看待自己、貶低自己，失去對自己的理解、保護與照顧。

當你越以對方為主，無形中越可能讓對方變得更有發言權、主導權、控制權，讓對方在你們的關係裡，擁有更大的力量去影響你，同時間，你也越容易因為懷疑自己，而漠視自己在關係裡應有的權利，像是：你不需要別人同意，就可以為自己表達、可以不同意對方、可以拒絕對方、可以反抗、擁有選擇權和決定權，而不是只能被對方牽著走，甚至對對方的所作所為、所思所想全盤接收，跟著對方貶低、羞辱、厭惡自己。

退一萬步想，如果在他眼中你真的那麼糟，那他幹嘛不離開？為什麼還要跟你在一起？還要這段關係？很顯然，這當中就是有他想要的，這只是一種他用來操控你的方法。因為只要當你失去自信，你失去對自己的信任、理解、認識時，你也將你自己的主導權放掉了，讓對方來掌控你、影響你。

長期待在這樣的關係裡，對對方這些羞辱、批評、傷害全盤接收的結果就是，你會以為你真的是一個很糟糕的人，糟糕到沒有人會要你，這會讓你更害怕、更恐懼離開這段關係，因為你深信自己這麼糟，怎麼可能還會有人喜歡你、願意跟你在一起，或找到一個這麼「好」、能夠「包容」你的人？強烈的恐懼感與自我厭惡感，就好像一隻忠誠的牧羊犬，總是會一次又一次把你趕回對方身邊，讓你哭著跟對方道歉，希望對方會收留你、不要遺棄你，讓你愛得好卑微。

強迫性反應：好不容易決定離開，卻總是無法控制地回頭

愛情成癮傾向有一個很重要的特徵是，對於所認定的對象或感情，有一種強烈的沉迷感，彷彿無法抑制這樣的感受、衝動與渴望。愛情成癮傾向者很容易因為這樣癡迷、著迷的情感，而無法控制地將過量的時間、注意力、重心等都放在對方身上，甚至重視對方大過於自己，不論是眼中、心中、腦海中都只有對方，整天不斷、反覆地想著對方，渴望和對方在一起，只想跟對方相處、互動或對話等，即使是工作或學習，心思都被對方占據，無法顧及其他重要的人事物，生活完全圍繞著對方轉。

這種無法控制、重複且持續出現的想法與衝動，在心理學上稱為強迫性思考（compulsive idea），而因為這些強迫性思考反覆出現，使得當事人出現重複的行為反應，則稱為強迫性行為（compulsive behavior）。只是愛情成癮

傾向者出現的強迫性反應（obsessive-compulsive reaction），比較容易顯現在情感對象、戀愛關係、性關係等與感情相關的事，經歷重複和侵入性的想法——不斷地想到對方、想和對方在一起、想親近對方等等，無時無刻滿腦子都被這些事情塞滿。也因為這樣，即使對方或關係處於不穩定的狀態，他們也會想盡辦法試圖留住這段關係。

我們可以想像，這種無法抑制的感受、衝動、渴望與對方在一起、重新與對方連結的感覺，就像是一種暫時的舒緩，就好像藥物成癮者再次使用藥物一樣，可以得到暫時的緩解，只要收到對方的訊息、接到他的電話、聽到他的聲音、牽到他的手、跟他在一起，就不會那麼孤單，就可以減緩那種好深好深的孤寂感。

但不穩定的關係，也很容易帶來不安全感、不確定感，這時候，合理化、理想化、麻木，就像是止痛藥和麻醉劑，一次一次幫助你從不安、不穩定的關係裡，暫時緩解心碎的疼痛感與折磨，讓你可以繼續待在這段關係裡。

可是越待在這段折磨、消耗的關係裡，只是讓你不斷地承受擔憂、焦慮、恐懼、不安，甚至可能還伴隨著「我是在乎你所以才這麼說」、「我是喜歡你才這麼做」的批評、指責、攻擊，這些都會讓人在這樣的關係裡越來越失去自信，越來越害怕自己是不夠好、是自己沒有人要，而不敢離開這段關係。

羞恥感：像我這麼糟糕的人，不會有人要我的

很多時候，作為局外人可能會難以理解，為什麼愛情成癮者明明遭受到很糟糕的對待，卻仍深陷其中難以自拔？因為，有時候愛情成癮的狀態，可能來自於那個當下對於與人連結的渴望，希望被重視、被看見、被保護、被安慰、被愛、被在乎、被需要，感覺自己是重要的、是好的，但因為過往的受傷、或是突發重大事件的創傷，引發內心強烈的不安、恐懼和害怕，讓我們難以用健康和符合現實的方式去認識自己是夠好的、相信自己是值得被好好對待的。

為什麼我們會感覺自己這麼糟糕？甚至認為不會有人要我，而「選擇」接受如此糟糕的對待？

每個孩子都是從外在世界來認識自己、別人與環境

我們都曾經是個孩子，每個年幼孩子都像個科學家，會從每天的生活經驗裡面，去感覺、去認識「我是一個什麼樣的人」、「別人是怎麼看我、對待我，是友善的？還是敵意的？」、「這個世界是什麼樣的？是安全的？還是危險的？」當我們是個幼小的孩子時，就彷彿一塊海綿，藉由外在環境、世界去吸收與認識自己、別人與這個世界的樣子。

當一個孩子小小的身體，裝著對這個世界稚嫩有限的理解時，很容易從這些養育我們、我們賴以為生的主要照顧者身上，誤以為上對下、權力不對等的命令、指責、攻擊、打壓都是對的，而全盤接收成人所帶給他們的一切，其實年幼孩子也很難反抗、保護或捍衛自己，也許有的孩子會發展出反抗以試圖自我保護，但很多的情況是，孩子雖然表面上看起來執拗、固執、反骨，但內心時常支離破碎，充滿無力、無助與不安，孩子並不會從這些「反抗」、「對立」中，感覺到「我是好的、我是被愛的、我是被欣賞與珍視的」，反而是長期累積的無力感，沉重地壓在靈魂上，使孩子動彈不得、動輒得咎，更落實了成人貼在孩子身上的標籤「你真的很爛、很沒用」，成為

孩子內心對自己的認識、甚至是信念——相信自己就是不值得被好好對待、好好被愛，以為自己沒有資格。

「我是不好的」感受引發「羞恥感」

當「我不值得被愛」的感受，在許多個日常裡不斷重複出現時，就像一個信念的種子被深深植入內心，啃噬著靈魂，讓我們從心底深處以為自己是不好的，這種「我是不好的」感覺，很容易為我們帶來很深的羞愧、羞恥、丟臉的感覺，覺得自己比別人差、覺得自己有問題、覺得在各個環境都很難有歸屬感，無法自在地與他人在同一個空間或群體中平起平坐，也因為這樣，很容易讓我們想躲起來、減少與其他人接觸，只為了盡可能避免這種比別人差、比別人矮一截、丟臉羞愧的感覺，不想被別人看到或發現，原來我是這麼糟糕的一個人。

為了避免「羞恥感」再次浮現而產生的生存策略——依附於戀愛關係中

愛情成癮傾向者很容易會把「我是不是對方所喜歡／所愛的」、「有沒有

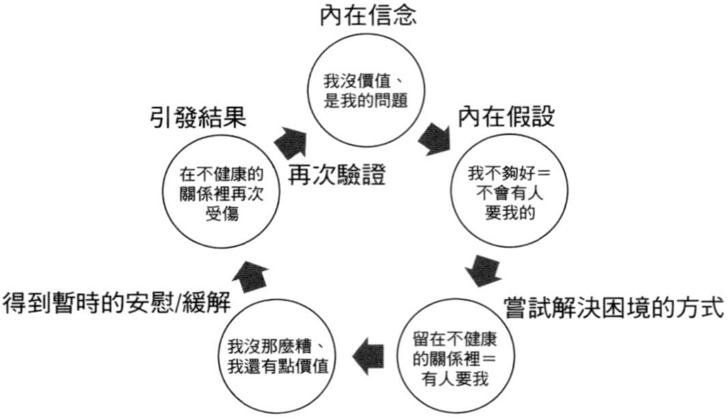

圖一　愛情成癮傾向的惡性循環

人要我」跟「我這個人的價值」綁在一起，好像如果對方不喜歡我，就等於「我是沒價值的」、「我是不好的」，因為在愛情成癮傾向者的內心深處，可能很難喜歡自己，甚至可能有很深的自我厭惡——不喜歡自己、嫌棄自己、討厭自己，也因為這樣，以為對方是這世界上唯一會喜歡自己、愛自己、要自己的人，在這種情況下，當對方如同絕無僅有的救生圈，也就很容易把對方對自己的看法看得非常重要，很害怕要是離開對方了，就不會有人要自己了。

為了讓感覺自己沒那麼糟而再次投入不適合的關係，形成惡性循環

繼續跟對方在一起，好像變成愛情成癮傾向者緩解自身恐懼的方法，以為只要繼續待在這段關係裡、只要繼續留在對方身邊，自己就是有價值的，好像「對方要我」＝「我有價值」＝「我是好的」；只要「對方不要我」＝「我沒價值」＝「我是不好的」，這樣的推論其實很危險，這推論中的三個項目其實指涉的是分別不同的三件事，當太快將它們畫上等號，其實是對自己不夠客觀、不夠全面、不夠公平、也無法完全概括與合理解釋的，而當這個推論一再出現在愛情成癮傾向者腦中時，我們就很有可能嘗試藉由留在這段關係中，來避免讓自己感到孤單、感到不安、覺得自己不夠好。

電影《壁花男孩》（*The Perks of Being a Wallflower*）裡有這麼一句台詞：「我們接受我們認為自己配得上的愛。」（We accept the love we think we deserve.）

很多時候，可能是我們自己過濾掉那些我們覺得不可能、配不上的愛，我們覺得那些人太好了，不可能會喜歡自己、不可能會想跟自己在一起，我們會退卻、不敢接受、刻意不去追求或刻意逃離那些愛，最後轉而接受自認

只能配得上的愛，卻可能在這些選擇中輕忽了背後的風險，反而讓自己跌得更深、傷得更重，在這些似是而非的選擇裡，一次又一次讓自己墜入無盡的深淵。

第三章

單身即地獄？

為什麼單身讓我們感到如此焦慮？

我想我會一直孤單　這一輩子都這麼孤單
我想我會一直孤單　這樣孤單一輩子

天空越蔚藍　越怕抬頭看
電影越圓滿　就越覺得傷感
有越多的時間　就越覺得不安
因為我總是孤單　過著孤單的日子

——劉若英〈一輩子的孤單〉

劉若英〈一輩子的孤單〉似乎唱出許多因單身感到焦慮或擔心關係結束的恐懼，害怕自己會不會就這樣孤老終身，史蒂芬妮．斯皮爾曼（Stephanie S. Spielmann）等學者發現[6]，對單身有強烈焦慮者通常有以下共同特徵：

---

6 Spielmann, S. S., MacDonald, G., Maxwell, J. A., Joel, S., Peragine, D., Muise, A., & Impett, E. A. (2013). Settling for less out of fear of being single. *Journal of Personality and Social Psychology, 105*(6), 1049.

- 認為沒有伴侶是自己有問題
- 焦慮會不會一輩子單身
- 擔心自己太晚才能找到穩定的長期對象，而感到有壓力

斯皮爾曼等學者提出單身恐懼（Fear Of Being Single，FOBS）一詞，描述對目前或未來沒有戀愛伴侶所感到的擔憂、焦慮或痛苦，他們設計了一個「單身恐懼量表」（fear of being single scale），檢測個人對於單身恐懼的程度，包含六道題目如下：

一、我覺得對我來說，要找到人生伴侶已經太晚了。
二、想到可能會單身一輩子，我就感到焦慮。
三、我必須在我年紀大到無法生育和撫養孩子之前找到伴侶。
四、如果我最後孤老終身，我會覺得是不是自己有問題。
五、隨著我年紀越來越大，要找到伴侶也越來越難。

六、想到可能沒有適合我的伴侶，這讓我感到害怕。

若以上陳述大致涵蓋了你對單身的感受、同意程度越高，表示現階段尋找伴侶對你來說，焦慮或壓力的程度越高。相反地，若你只同意量表中的部分項目，表示你對單身可能有較平衡的看法。

大眾媒體塑造的單身汙名與恐懼

韓國知名戀愛綜藝節目《單身即地獄》的遊戲規則，彷彿揭示著社會對於戀愛與單身的想像：節目中安排了「天堂島」與「地獄島」兩部分，地獄島與世隔絕，禁止節目參與者使用現代設備，須自行解決三餐；相反地，在天堂島，如同島名所示，配對成功的參與者能一起入住天堂島的豪華別墅，享受兩人時光、進行浪漫約會。節目參與者須於一定時間內配對成功，才能前往天堂島，否則將持續待在地獄島，不能公開自身年齡與職業。在這樣的遊戲規則下，似乎也透露著社會中對於單身者的「懲罰」與汙名——單身的處境是很可怕的、是「輸家」，也深陷於同儕競爭與比較的困境。

該節目的第三、第四季遊戲規則進一步調整為，將男女參與者分開，男性參與者先進行競賽，勝出者得以邀請心儀的對象前往天堂島，這似乎也呈現了父權社會中，男性須於陽剛競賽中勝出，女伴則如獎盃一般的存在，顯現出父權制度中男追女的既定戀愛框架，此部分將於後方章節詳述。縱使是為了娛樂效果，但從節目論述裡，也不難看到現代社會對於單身者的想像，彷彿單身者自身有什麼問題？是「輸家」？應該被「懲罰」？

單身總被質疑有問題，還要多繳稅？——易被忽略的單身歧視

二〇一九年知名藝人林志玲結婚，不少新聞媒體下了這樣的標題「林志玲『終於』結婚了」，彷彿人應該有適婚年齡、人人都應該結婚。社會心理學家貝拉．迪波洛（Bella M. DePaulo）與溫蒂．莫里斯（Wendy L. Morris）指出[7]，與已婚者或有伴侶者相比，單身者時常被視為不成熟、適應不良和自我中心，單身歧視雖不常被意識到，但其實無所不在地顯現在我們的日常

生活中。

我們可能不自覺地會傾向認為，有伴侶者或曾有過戀愛經驗的人，似乎比母胎單身者或單身者更成熟、適應力更強、社交能力更好或較不自我中心，但真的有這樣的差異存在嗎？現代人越來越晚婚，難道表示現代人越來越不成熟嗎？未婚者就應該被貶低、或被貼上汙名化的標籤嗎……？

對單身的歧視其實也存在於職場上，不論是特殊節日或連假值班，有家庭者容易受到較多的「優待」，使單身者須非自願地承擔更多工作職務與內容、輪值或加班，但這並非單身者應承擔的責任，而是公司應提供支持員工的職場環境。在租屋市場中，一般小家庭或已婚者也較單身者更容易獲得租屋機會，因為房東或仲介傾向於認為小家庭較為穩定等等。

單身歧視情況在社會上與政治上也常出現，二〇〇二年台灣曾因生育率下降，內政部一度提出欲課徵單身稅，當時提案學者回應，希冀藉此法鼓勵

---

7 DePaulo, B. M., & Morris, W. L. (2006). The Unrecognized Stereotyping and Discrimination Against Singles. *Current Directions in Psychological Science, 15*(5), 251–254. https://doi.org/10.1111/j.1467-8721.2006.00446.x

生育；二〇〇八年擔任黨主席的蔡英文女士被批評：「能否將黨的未來交給一位沒有結婚的小姐」；二〇一九年她擔任台灣總統，又再次因單身受到批評，批評者認為她沒結過婚、沒生過小孩，不懂得父母心；而在稅制上，已婚伴侶合併報稅，也可獲得單身者沒有的節稅優惠等等……。這些概念的背後，似乎都隱含著結婚與生育才是符合社會期待的主流規範，似乎結婚生子才是「正常」的意識型態。

然而，依據台灣內政部二〇二三年的統計資料顯示[8]，在二十五到四十四歲人口中，已婚有偶率僅四〇．四％，未婚率近五一．一五％，未婚者比率已超過已婚者，顯現出婚姻已非主流選擇。

單身歧視讓我們焦慮單身，也讓我們懷疑自己

當我們深陷單身焦慮時可能會誤以為，只有找到伴侶才能從此過著幸福快樂的日子，可惜的是當我們帶著這樣的解讀，可能會讓自己深陷「單身焦慮」的「地獄」中，從這樣的濾鏡看出去的單身生活，可能會讓我們感覺自

已很糟、很失敗或很痛苦。

然而，社會心理學家迪波洛與莫里斯的研究發現[9]，已婚者與未婚者之間的生活滿意度其實差距很小。理查．盧卡斯（Richard E. Lucas）與其同事，持續追蹤近三萬名德國人、進行長達十八年（至今仍在進行中）的研究發現[10]，結婚並維持婚姻者，在已婚的第一年幸福感的確略微增加，但之後幸福感又回到了原先的水準；最終離婚者在每逢結婚紀念日靠近時，幸福感都會下降，直到確定離婚才改善；而在研究中保持單身者，一開始的幸福感略低於結婚且維持婚姻者，但他們的平均分數始終位於量表幸福區塊的那端，與保

8 內政統計年報，https://statis.moi.gov.tw/micst/webMain.aspx?k=menuy，網頁資料擷取於二〇二五年一月二十六日。

9 DePaulo, B. M., & Morris, W. L. (2005). Singles in Society and in Science. *Psychological Inquiry, 16*(2-3), 57–83. https://doi.org/10.1207/s15327965pli162&3_01

10 Lucas, R. E. (2005). Time does not heal all wounds: A longitudinal study of reaction and adaptation to divorce. *Psychological Science*, 16,945-950.
Lucas, R. E., Clark, A. E., Georgellis, Y., & Diener, E. (2003). Reexamining adaptation and the set point model of happiness: Reactions to changes in marital status. *Journal of Personality and Social Psychology*, 84, 527-539.

持已婚者差距不大，甚至比最終離婚者的生活滿意度更高。

或許問題不在單身本身，而在於我們如何看待單身，當我們認同或內化了社會對單身的汙名與標籤時，可能會造成我們對自身單身狀態的焦慮、不安與恐懼。遺憾的是，這些對於單身的焦慮和恐懼，可能使我們急於邁入感情關係中，而未能清明地覺察此關係是否適合我們。

斯皮爾曼等學者發現，當我們深陷單身焦慮時，會傾向於在愛情關係中妥協，也就是說，比起面對單身，我們可能會不自覺地降低標準、選擇一段自己不那麼滿意的關係、或待在一段自己不那麼滿意的關係中。學者們更進一步發現，當對單身的焦慮與恐懼程度越高時，越容易屈就或待在不滿意的關係裡難以離開，有沒有可能我們選擇跟對方在一起，是出於害怕與不安，而不是真的在其中感到快樂、自在或幸福，這可能會讓我們付出不小的代價。

這顯現出當我們對單身感到恐懼時，可能會很容易把焦點放在自己的「感情狀態」，而非感情關係本身帶給我們的感受，彷彿擁有了「感情」這個殼子，就擁有了一個足以證明自己夠好的「面具」，無論裡面再空洞、空虛，都不會比單身更令人難以忍受。

當我們沒有意識到自己對單身抱持著這些負面、消極、汙名、恐懼、焦慮的想像時，我們可能也會受其干擾與影響，而受到這些恐懼的挾持，消耗我們的心力、精力、時間與恐懼拉鋸，難以將注意力放在自己對生活的願景和目標上，這其實有點可惜。

我們能不能用一個不同的觀點來看待，也許單身只是一種生活的狀態，它可以是中性的、不帶負面意涵的，端看我們如何看待它與面對它。我們也可以花一點時間，去發覺社會對於單身的看法與觀點，有時它可能與我們身處的結構與體制有關，當我們能重新釐清自己對於單身的想像，或許我們就有機會重新為自己選擇。

女性的單身焦慮：父權社會下「不合格」的女性

怡萍坐在咖啡店的窗邊，手裡捧著熱拿鐵，眼神卻落在手機螢幕上，隨著每一條訊息的出現，她的肩頸感到越來越緊繃。她已經三十五歲了，從父母的眼神、親戚的關心到身邊陌生人不經意的詢問，似乎無時無刻不在提醒她「該結婚了」。無論是叔公還是市場的阿姨，人人都以為她應該已經找到對象，而她卻依然單身。

她努力讓自己看起來不在乎，但每當朋友的喜帖、同事孩子的照片或陌生人的關切出現，心中的不安便不自覺地攀升。她曾經有過幾段感情，可是每段關係似乎都像浮光掠影，轉瞬即逝。

手機再次亮起，這一次是另一位親戚的訊息：「小萍，我下個月會回去，我同事的兒子跟妳差不多年紀，也還沒結婚，有沒有興趣介紹你們認識一下？」怡萍無奈地放下手機，內心的焦慮像海嘯一樣要將她淹沒……

女人鄰近三十大關，彷彿過了某種「大齡女子」的年紀，「女人三十拉警報」的警鈴會轟然巨響，突然之間，妳的存在好像變成單身「公害」一樣，身邊的人事物都開始為妳緊張起來，連不認識妳的、跟妳不熟的舅母、伯父、警衛、計程車司機、鄰居、市場攤販，甚至是公車上遇到的陌生長輩，一瞬間妳的婚姻大事就像是最新焦點新聞。

這個社會之所以告訴女人要趕快結婚，往往也與生育年齡有關，擔憂女性即將錯過「最佳生育年齡」，卵子們快要「過期」了。

台劇《俗女養成記》就寫實地描述女性面對年齡與逼婚的壓力，即將四十歲的女主角陳嘉玲想到童年二姑姑毀婚的往事，知道自己「年限」在即，因而向男友求婚；或是陳嘉玲面對控制狂準婆婆與媽寶男友而決定退婚，卻在回到老家、被家人們知道後，阿嬤騙她去相親、媽媽找鄰居幫她介紹工作……，彷彿作為一個女性，若不結婚、不生育、或在最佳生育年齡生育，是一件很糟糕的事，是「不及格」的事！但為什麼女人的「價值」是建立在「婚」、「生」與「育」之上呢？陳嘉玲的「想婚」，是因為自己「想要」而結婚，還是因為「害怕」、「焦慮」而結婚？

很多時候，我們都知道每個人有著自己的步調、自己的時間，不需要為了別人的期待、自己的年紀而去改變人生計畫，或者感覺自己已經「失去價值」，但我們明明腦袋裡知道，心裡的焦慮卻總是隨著這些外在環境的關心不斷湧上來，這些焦慮從何而來呢？

父權社會中，女性很容易成為被規訓的對象

從小，妳可能會被提醒講話不要太大聲、要「溫柔」一點，不然「像妳脾氣這麼壞、又不做家事，小心沒人要！」性別刻板印象仍深入人心影響著我們對女性的角色期待，雖然時間已經帶著我們走進二十一世紀後，但儒家思想彷彿仍潛藏其中，潛移默化地影響著我們如何「教育」女性，長輩會教育女性晚輩要乖、要聽話、要順從、要端莊、要淑女……，社會也期待女性要溫柔嫻淑，懂得勤儉持家，有如女性的一生都要為了將來為人妻、為人母做準備。

在談父權與性別時，大家很容易感覺現代社會已經「很平等」了，但我們應該把鏡頭拉遠一點，不是把父權視為單一個體（一個男性）或單一性別（男性群體），而是這個世界、這個社會運作的方式。自古至今，我們身處的世界與社會運作，大多以男性為主體出發，社會學學者亞倫·強森（Allen G. Johnson）提及父權社會有三個要素[11]：

- **男性支配（male-dominated）**：社會中具權威的位置大多由男性主

導、占據，掌握了大部分權力與資源，例如：政治、經濟、司法、宗教、教育、軍事、家庭內部等（例如：部會首長、公司主管以男性為多數或擁有較多的優勢、男女同工不同酬等）。即使是在已擁有《性別平等工作法》、《性別平等教育法》的現代台灣社會，仍存在政治重要機關、公司重要主管與幹部仍以男性為多數的樣態。

- **認同男性（male-identified）**：父權社會認同男性，同時推崇與「男性」相關的陽剛、剛強特質，這些陽剛氣質（masculinity）被認為是「正常」的、「好」的、「對」的，貶抑陰柔、柔弱的特質。例如：以娘娘腔、娘砲，嘲笑貶低不夠陽剛或不符合父權社會性別角色的男性；女性容易被嘲諷情緒化、不夠果斷、無法勝任領導職等等。
- **男性中心（male-centered）**：父權社會以男性為主體，焦點總是放在男性身上。如：總統與女總統、老闆與老闆娘、醫師與女醫師、警

11 亞倫・強森（Allen G. Johnson），成令方、王秀雲、游美惠、邱大昕、吳嘉苓譯，《性別打結》（*The Gender Knot*），群學，二〇〇八。

察與女警等以男性為主的稱呼。

集合以上三要素的父權社會，很容易把女性置於不平等的社會位置，將其去人性化、物化、性化成為「附屬品」、「商品」，作為被要求、被挑選、被「定價」的對象。雖說現在是自由戀愛的社會，但還是可以聽到一些對單身女性的描述與評論：

「妳怎麼會沒有男朋友？妳一定是標準太高了！」

「妳就是太挑了！」

「妳啊，就是太重工作了！女人那麼拚是要幹嘛？」

「再不結婚妳就要老了、生不出來了！」

這些評論都將矛頭指向女性，指責女性需要為自己的「單身」、「嫁不出去」、「滯銷」負起責任：書讀太多、工作能力太好、太能幹、太優秀都是女性的錯，她們不應該被視為一個主體，不能為自己的人生選擇攻讀學位、規劃職涯或做出婚育決定，而必須在父權社會中對女性角色期待的壓力下，將婚配與生育視為首要任務，才能決定自己是否有「價值」，而這個價值其實也是父權社會中的主流價值——父權社會裡的遊戲規則，**妳如果想在父權社會裡得到認同，妳必須配合演出、服膺在這個規則之下，妳才會被視為是「合格」、「有用」、「有價值」的。**

若我們沒有看到自己身處的世界與社會體系，背後有一個影響如此深遠的架構、底層規則，我們很容易過度簡化地將矛頭指向自己，好像「單身」是我的「錯」、是我的「問題」。很遺憾的是，不只是這個社會這樣告訴妳，有時候，身邊的長輩也會這樣教育妳。

「好女人」與「壞女人」的二分法

有時候更令我們感到不解的是，某些女性長輩明明在自己的婚姻與人生中，也吃了不少父權壓迫的苦，甚至承受不少犧牲與委屈，但依然會在某個時刻「教育」及「規勸」女性晚輩，因為當我們把手指向外，就像是把壞的東西都排除在外、與我無關了，藉由批評他者，也確立了「我不是這樣的壞女人、我是好女人」的「正當性」，因為身處於父權社會的女性，從小耳濡目染，甚至內化了剝削貶抑女性的價值觀、習慣了長年被剝奪的自主權，覺得這些都是理所當然的，因此往往說出了貶抑女性的話語也不自知。

康乃爾大學哲學系副教授凱特·曼恩（Kate Manne）指出[12]，「厭女」就像是父權社會裡的「執法機制」，懲罰那些不守父權規則的女性；同時獎勵遵守父權社會規則的女性、將她們往父權靠攏，如同父權社會的風紀股長、糾察隊，在社會中形塑一種有利於父權思想的氛圍：

「女生能早點嫁就早點嫁！」

「女生不要讀太多書，反正也是要嫁人的！」

「不結婚，妳是要當『老姑婆』嗎？」

「不結婚妳以後要怎麼辦？誰照顧妳？」

「女人吼，要結婚、生小孩才會完整！」

這樣的社會要求女性負起生育的「義務」，扮演好人妻、人母的角色，以提供社會（與其中的男性）更多的「情緒勞動」服務。也就是說，父權社會的遊戲規則裡，有一套關於「好女人」與「壞女人」的標準，當妳不符合父權社會中「好女人」的標準時，妳很容易成為被撻伐的對象，把妳趕往符合父權社會期待的框架裡。

在各種不同的社群媒體上，也很容易看見對於不符合父權社會中「好女人」標準的女性，例如單身者、不婚者、性自主者、單親媽媽、志願單身生子者、擁有異國婚姻者、配偶身分地位較為出眾者等，遭受到各種鋪天蓋地的貶抑和敵意，包含：「破壞家庭倫常道德」、「台女不意外」、「女權自助餐」、「台女就是隨便」、「台女吃洋腸」、「鮑鮑換包包」……，這些言論都帶著父權社會中對女性性別角色的規範與監控，藉由區分符合父權家庭價值的「好女人」、與不符父權期待的「壞女人」，一方面獎勵與肯定那些「好女人」：「好妻子」、「好太太」、「好媳婦」、「好媽媽」這些附屬於男性與家庭的角色，引發女性的內在動力去認同、追尋、符合社會期待；另一方面懲罰

---

12 凱特・曼恩（Kate Manne），巫靜文譯，《不只是厭女》（*Down Girl*），麥田，二〇一九。

那些「壞女人」，期望她們因為這些輿論抨擊而「收斂行為」，並嚇阻更多女性加入這些行為的行列。

這種「紅蘿蔔與棍棒」的兩手策略，都是試圖形塑、鞭策女性，讓女性能越來越符合父權社會期待的女性樣貌。因此，當現代女性跳脫了父權社會對「好」、「壞」女人的二分標準，走向以自我為主體、而非從屬於男性的客體的另一條路，開始自主選擇與決定要不要進入婚姻、要不要生養小孩時，便強烈衝撞與挑戰了父權社會裡對於家庭的想像，不再輔助男性完成「傳宗接代」、「相夫教子」的任務，扮演照顧者、附屬者、生育者的角色，就會面臨很多「管教」、「規訓」、「教育」甚至是「懲罰」，要把這樣「不乖」的女性趕回父權體制裡，以完善父權社會對於家庭價值的維護，繼續保有以男性為中心的社會、以生殖為目的的家庭運作機制。

父權社會過於強調男女性別刻板，強化了異性戀僵化的互動關係

這樣的操控與規訓其實還帶著另一層壓迫，再更進一步談為什麼父權社會中的異性戀關係，很容易走向男強女弱的關係，張娟芬提到異性戀情感關

係欲望法則時這樣說[13]：

對男人而言：第一，要想辦法讓自己變成一個有能力、有知識、有權力、有資源、有社會地位的人。第二，欲望那些比自己弱勢，能夠「壓得住」的女人。

女人則是：第一，要提醒自己不能太強，要在生活或工作中留下一些破綻，為男人製造展現雄風的機會。第二，欲望那些學歷、賺錢能力、家世各方面都比自己強的男人。

……

在父權架構下，異性戀愛情使他（男人）變成統治者，變成一個「真正的」（雄赳赳氣昂昂的）男人。異性戀愛情卻使她（女人）變成被統治者，變成一個「真正的」（小鳥依人的）女人。

---

13 張娟芬，〈人盯人」式的父權〉，《騷動季刊》，第三期，婦女新知，一九九七。

張娟芬生動地描述異性戀情感關係中，過於強調男／女性別刻板印象的狀況：男優女劣、男強女弱、男主導女服從的關係，強化了男女在異性戀關係中二分、僵化的性別角色。在二分與過度僵化的性別刻板印象下，讓女性害怕在伴侶關係中「強」過男性，因為當妳「強」過男性時，會傷了男人的自尊，這樣會導致妳容易落入單身的「下場」，進而迎來更多的冷嘲熱諷：

「妳看看妳，讀那麼多書做什麼？」

「女生太成功會沒人要喔！」

「妳就是太強勢了，男生才不敢追妳！」

「像妳這麼能幹，會嫁不出去喔！」

這些對不符合父權社會性別刻板角色規範女性的負面評價與批評，壓制著女性、將女性趕進婚姻，這樣的性別刻板印象，其實不只是壓迫了女性，而是身處其中的所有性別、所有人。父權社會中的男性常因為必須維護、維持自己的「男子氣概」，而進入競爭，有時這些競爭會建立在對女性開黃腔、講幹話、交往很多女伴、擁有大量性經驗、性化的侵略與征服之上；而這些性化的侵略與征服，有時甚至是以情緒與肢體暴力的方式，藉由騷擾和侵害他人身心來「公開展示」自己「很強」。女性在這樣的社會氛圍中，受到潛移默化，習於約束自己「不要太強勢」、「要客氣」、「要溫柔」、「要忍讓」、「要禮貌」、「要嬌弱」，要留一點給別人「探聽」……。

男強女弱的異性戀關係，讓男性期待自己更「強」、更「大」，女性害怕傷了男性「自尊」，而寧可削弱自己的「氣焰」與「能力」，在關係中傾向尋找比自己更強的，或是削弱自己以抬高對方，讓自己得以成為被拯救或輔助對方的附屬角色，長期下來，可能會讓關係互動失衡，讓女性在關係中習慣自我審查，同時「弱化」自己以「強化」對方，使女性越來越容易在關係中失去自信與自我；男性也可能在追求更「強大」的自己時，衍生出對另一半與關係的忽視，與自己和對方越來越疏離。

誰說妳需要感情或婚姻才能完整？妳本來就是完整的個體

因此，當我們沒有意識到社會結構中意識型態對我們的影響時，我們很容易將這些父權社會中對性別刻板印象與性別角色的期待內化，以為如果沒有符合這些「刻板角色期待」就是自己的問題、是自己「反常」，因而對於自身的單身感到焦慮不安，也會很容易在這些「壓力」下，走上阻力較小、符合「社會期待」的路。

但是，誰說妳需要感情和婚姻才能完整？女人本來就是一個完整的個體，存在著不同的面向，當我們能意識到父權社會中無所不在的性別意識型態時，我們就有機會去解構它，增加自己的能動性，說出自己的故事，走出自己的人生軌跡。

男性的單身焦慮：害怕成為人生失敗組的魯蛇

三十五歲的馬克是一名事業有成的中階主管，有著令人稱羨的收入，生活也相當豐富充實，每個禮拜都有許多活動、聚會，也有規律的運動和興趣，這樣表面看起來是「人生勝利組」的他，內心深處卻時常有種說不出的空虛。他渴望愛情，覺得一段穩定的親密關係才能證明自己的「成功」，但事與願違。

他頻繁使用交友軟體，也積極把握機會認識新朋友，他覺得男人應該主動追求愛情、贏得女人的芳心，所以約會時他總全力以赴，安排高檔餐廳、講幽默的笑話、分享自己的工作最近有什麼新的成就，甚至主動與對方提及未來成家的可能，但如此精心安排，不知為何最後往往無疾而終。

馬克時常感到困惑：「我有車、有房，收入不錯，長相也不差，她們為什麼還不滿意？」在馬克的想法裡，覺得這些條件已經足以讓他成為「人生勝利組」，就唯獨缺了女伴，所以每當網聊聊不下去、約會失敗，他都會陷入深深的挫敗當中，開始埋怨：「現在的女人是不是太現實了？」

於是，他持續參加更多社交活動、聯誼，甚至請朋友介紹，卻總覺得自己的努力得不到應有的回報。每當逢年過節返鄉時，也總會被長輩親戚關心：「有對象了沒？怎麼不帶回家？」讓他陷入深深的自我懷疑：「我是不是不夠成功？」

異性戀男性鄰近適婚年齡時，可能也時常感受到馬克的處境，明明其他方面都經營得很好，唯獨在感情上，不管投入或「投資」了多少時間、精力、金錢在約會或約會對象身上，為什麼對方就是不滿意？為什麼兩個人就是沒有結果？到底要怎樣才能交到女朋友呢？

現在的女性，真的太現實了嗎？

先前有一篇Threads上的文章，得到了很多關注，文章中呈現了一張拍攝路邊攤小吃的照片，搭配一行文字：「現在還有女生會陪男生吃路邊攤嗎？會的話先娶了」，這篇文章當時在網路上引起不小的迴響，出現了以下這樣的回覆：「當你遇到了一個願意陪你吃路邊攤的女孩，當然要好好地珍惜她！」「你身邊有沒有一個願意放棄大餐，來陪你吃路邊攤的女孩？」「哪有女孩願意坐破摩托車，天天陪你吃路邊攤……？」

幾年前在香港，也有一個類似的網路爆紅短片《一生只想尋找一個肯挨麥記的女人》（中譯：一生只想找一個陪你吃麥當勞的女人），片中描述男主角的前女友認為，每人花費約三百港幣（約台幣九百至一千元）約會吃一餐飯是很基本的，男主角聽完認為兩人不如分開，沒想到卻先被對方提了分手。男主角覺得，男生帶女友去吃麥當勞根本是一種「山窮水盡」的表現，沒想到遇到了一位願意跟自己去吃麥當勞的女孩。當兩人坐在麥當勞裡，女孩用水汪汪的眼睛看著男生，並問他：「你想吃什麼？」聽完男孩回答後，女孩便自發離桌點餐、結帳，並將餐點帶回座位，這一切讓男孩感動得眼眶都濕了，短片最後以男孩一句「可以娶」作為結局。

在這部影片下方也出現許多的評論，當中不乏批評這些女性「拜金」或「物質主義」，但同時也有批評男性的言論存在：「如果男人『有用』、是『真男人』，女人就不必跟著吃苦！」「『宅男』、『廢物』根本不懂女人要的只是安全感，沒有這些怎麼讓女人依靠？」「你不需要很有錢，但至少要有上進心，讓女人可以跟你一起打拚！」等等。

這些評論皆在強化刻板印象中「男強女弱」的異性戀框架，一方面攻擊女性是那個依賴男性提供經濟支援的角色，貶抑她們為「拜金女、物質女」，另一方面同時也攻擊那些無法在親密關係中作為經濟提供者的角色，嘲笑他們為「沒用、魯蛇、宅男、沒出息」。

父權制度強化了「男強女弱」的異性戀框架情感關係，也壓迫了男性

在父權社會裡被壓迫的性別不只有女性，在傳統性別框架裡，男性似乎不由自主地背負著必須承擔「經濟」的壓力，認為自己必須扛下主要或大多數的「責任」，包含：約會開銷、買車、買房……等，因而感受到不小的負擔，於此同時，可能也會將此壓力轉嫁於控訴女性的「物質主義」，並得出「願意陪男人吃苦（路邊攤、麥當勞）的女人」才是「好女人」的結論。

但是，這些對於男性「應該要負起經濟責任，否則不是『真』男人」的既定框架是從何而來？女性又何以只有「物質主義」與「肯（陪男人）吃苦」兩種樣貌？無奈的是，當男性帶著「男追女」、「男強女弱」、「男提供經濟、女提供情感勞動」的想像，嘗試「追求」親密關係時，很可能反而把對方推得越來越遠。

香港浸會大學社會系副教授黃結梅提到[14]，這些標準是一種理想化的陽剛氣質，能在親密關係裡提供安全感和解決問題的能力，往往與一定的學

識、才能與經濟能力有關，然而並非所有男性都具備此優勢、能力、或位於此階級之中。

雪梨大學名譽教授雷文・康乃爾（Raewyn Connell）則提出了霸權陽剛氣質（hegemonic masculinity）一詞，這種氣質具體展現在父權社會中，用以確立男人掌控、女人臣屬的機制[15]，描繪出男子氣概的「理想化」形式，定義所謂「真男人」、「成功男性」的標準，包含：暴力與攻擊性、堅忍（克制及壓抑情緒）、勇氣、堅韌、體能、運動能力、冒險精神、追求刺激、競爭、成就與成功……等，這樣的「規範」成為「真男人」的最高標準，並要求所有男人以此來定位自己，構成理想男性行為腳本的基礎。

所以，中山大學社會系教授陳美華也指出[16]，這一套被主流社會鼓勵、讚揚的霸權陽剛特質，對男性往往也形成不同程度的壓迫，最常見的是當男

---

14 黃結梅，《打開男性：陽剛氣概的變奏》，中華，二〇一四。
15 Connell, R. W. (1995). *Masculinities*. Cambridge: Polity Press.
16 王振寰、瞿海源主編，《社會學與台灣社會（第四版）》，〈性別〉（頁一五一—一八〇），巨流，二〇一四。

性流露情感或不夠陽剛，往往被其他男性嘲諷為「娘砲」、「不是男人」、「娘娘腔」、「不夠man」，或是當男性無法作為主要「經濟提供者」時，被譏諷為「魯蛇」、「人生失敗組」、「廢物」等。男性被劃分成「合格」與「不合格」，貶抑「不合格者」成為一種手段，讓自己的「陽剛」與「成功」更被強化、正當化、合理化，以此作為男性間性別權力關係的展現。

這些性別角色的規條，就像一層層鎖鏈，綑綁身處其中的所有人。所以男性必須努力追趕，讓自己成為「合格」的那一群，必須把種種負擔與責任背負到肩膀上，同時以為只要自己滿足這些條件了，就可以增加自己追求另一半的優勢，而當追求另一半失利時，就形塑了極大的心理壓力，進而造成揮之不去的「單身焦慮」。

當追求男子氣概變成競賽，女性就變成了「戰利品」

父權社會裡對於性別角色的分野，讓男人以為自己必須成為父權社會認可的「男人」才是「真男人」，好像當自己成為了「真男人」，似乎就可以降低「追求」女性、進入親密關係的門檻，提高自己的「勝率」，碾壓其他的競爭者。

但當這種過於簡化的直線性邏輯產生時，女性往往也容易在男性的「追求」過程中被視為「物」的存在，而非獨立的個體，當男性將女性視為證明自己是「真男人」的「戰利品」時，彷彿以為自己若能在「陽剛」競賽中取得更高的「等級」，自己就能「獲得」女伴，作為「獎盃」般的獎勵與肯定。

但女性是完整的人、是獨立的個體，並非男性的附屬品、更非物品，也不是證明男性是否為「真男人」的證據，更不是「陽剛」競賽的「戰利品」，當部分男性落入陽剛競賽的陷阱、以此觀點來看待戀愛關係時，很可能會在戀愛關係中遭遇挫折。

因為這樣的邏輯，可能會讓男性誤以為：當我「夠男人」、「夠男子氣概」，我就可以得到女伴、或者是「配得起」我的「男子氣概」的女伴。這很容易落入將女性視為工具的觀點，認為女性是男性的附屬品，只有兩種用處：一種是可以娶的「好女人」（聖母）、另一種是可以玩的「壞女人」（蕩婦），可以想像的是，當帶著這樣厭女的觀點進入情感關係，勢必會在追求感情的路上百般受挫，即使僥倖獲得了另一半的青睞，也很難經營長久且穩定的關係。

人生不是一場競賽，也沒有所謂標準答案，當我們察覺到所處社會結構、意識型態對我們的影響時，這也是解構與突破的開始。

「成為男人」過程中被閹割的情感

遺憾的是，父權社會體制教給男性的，不只是傳統性別角色的框架，同時間，它也讓男性與自己的情感越來越疏離，但情感其實是我們認識自己、認識他人與建立關係很重要的基礎。

父權社會中，男性從小到大所受的「教育」是：要勇敢、要堅強、要強壯、要奮鬥、不准哭、不可脆弱、不能懦弱……，這讓他們不被允許脆弱、也從未被允許表達負面情緒，但難道男性沒有情緒嗎？這些情緒都去哪裡了？

兒童心理學家丹．金德倫（Dan Kindlon）與麥可．湯普森（Michael Thompson）在他們的臨床工作中發現[17]：

男孩們貼近情緒時總是帶有一些不自在，他們寧願選擇將自己深深地藏起，或是在一旁冷眼旁觀自己的情緒，因為「感覺」讓他們深受威脅，像是要滅頂。

對男孩來說，擁有情緒像是一件可怕的事，不應該表露出來。在我們的文化裡，像這樣的話，也並不少見：

「唉噁～男生哭，羞羞臉喔！」

「不准哭！再哭打屁股喔！」

「你是男子漢欸！怎麼可以哭！」

「要勇敢啊！不然以後怎麼娶老婆？」

「蛤～你這麼大了，怎麼還要媽媽抱？好丟臉喔！」

「你看人家小女生都不用媽媽抱抱了，你怎麼當男生？」

---

17 丹・金德倫（Dan Kindlon）、麥可・湯普森（Michael Thompson），吳書榆譯，《該隱的封印》（*Raising Cain*），商周，二〇一六。

在親子互動的過程中，也許家長無意傷害孩子，但這樣的話語卻帶著羞辱的意涵，讓男孩們從小就「學到」哭是一件丟臉、不被允許、也不應該存在的事，如果有情緒，最好全部都藏好、不要表現出來，即使感覺受傷、需要安撫安慰，這些都不應該流露出來。

金德倫與湯普森也指出，在男孩教養中，出於社會文化的性別刻板印象，往往也讓家長對於如何教養男孩「成為男人」的過程，相比於教養女兒更為粗暴，彷彿男孩應該受到嚴厲的管教，才能「成為男人」。人類學家大衛．基爾摩（David Gilmore）也提到[18]，成為男人（manhood）就像是「一項必須經歷掙扎與痛苦而贏得或奪取的獎品」，追求男子氣概在男性的人生歷程中好像變成一項「成就」，必須經歷重重挑戰、通過「考驗」，才能獲得「男人」的地位。

告別有毒的男子氣概，鬆綁父權性別框架的束縛

這些對於男子氣概的框架、過度推崇「傳統男性刻板角色」的價值觀，無形中壓抑了男性的情感表達與心理狀態的發展，當他們無法容許內在的情感

存在，更遑論有機會覺察內在情感、一致且平和地表達情緒，這些都可能讓內在被壓抑與扭曲的情感，很容易以「有毒男子氣概」（toxic masculinity）的形式顯現出來，例如：厭女、恐同、暴力、過度競爭好勝、壓迫弱勢族群等。

這些現象其實在男性的世界裡並不少見，就像一群男性聚在一起開黃腔、講黃色笑話意淫女性、或是「阿魯巴」彼此，似乎男性們必須經由這些「性別遊戲」來「實踐」、「證明」自己的「男子氣概」，藉由開黃腔、意淫女性的方式拿到自己領導支配的權力，並藉由這些開黃腔的「幽默感」，來讓自己與女性特質的連結斷開，更趨近於男性化，並合理化與強化自己的「優越」與「支配」地位。

> 何以男孩們需要創造一個以強欺弱、以受歡迎壓迫不受歡迎的、以有力量的欺壓沒有力量的的環境，並常用惡作劇的形式來達成這個目標？
>
> ——《該隱的封印》

---

18 Gilmore, D. (1991). *Manhood in the Making: Cultural Concept of Masculinity*. Yale University Press.

或許我們可以停下來思考：這樣的陽剛競賽，究竟為我們帶來什麼？難道不參與這些陽剛競賽，就不是男人了嗎？難道只有通過這些陽剛競賽，才能獲得女伴這個「獎盃」嗎？為什麼「擁有」女伴才是一個真男人的證明呢？擁有女友或性經驗，才代表自己從男孩變成了真男人、是成功男人的表現？沒有女友，難道就代表自己不夠好、沒有吸引力，是有問題的、丟臉的？為什麼成為真男人的條件，必須與有女伴綑綁在一起呢？

渴望伴侶或渴望進入情感關係本身並不是壞事，但為什麼好像在「成為男人」的過程中，它就變成一種「成就」，必須以「征服」或「攻克」的方式，才能證明自己是「真男人」，好讓自己得以從陽剛競賽中勝出？

過度認同父權傳統男性刻板性別角色，易壓抑扭曲內在情感

也許是因為「擁有女人＝真男人」這種思維模式，使得部分男性身陷於嚴重的單身焦慮或求偶焦慮中，在美國甚至出現了所謂「非自願單身」（involuntary celibate，簡稱 incel）的概念，使用此詞彙描述自身狀態者一般多為男性、異性戀、白人等，指稱現代社會中因經濟條件或其他非自願的原

因，而無法找到伴侶的情況。

二〇一四年，二十二歲的艾略特．羅傑（Elliot Rodger）駕車撞人並開槍連續殺人；二〇一八年，二十五歲的阿萊克．米納西安（Alek Minassian）開車撞人，他們皆以「非自願單身」自稱。羅傑行凶前發表了近一百多頁的自白，表達自身的孤獨、性壓抑、被排斥、質疑為何自己被女生討厭，覺得自己受到不平等對待、對人類絕望、因此決定進行殺人報復；米納西安自稱厭惡女性，並將自身行凶行為稱為「非自願單身起義」。

這兩起事件無法代表所有男性的狀態，但可以看到若我們將戀愛、伴侶視為自身價值或成功與否的證明，甚至是將女友作為展現自身男子氣概的勳章，這可能會引發不小的焦慮與壓力。雖然在台灣目前尚未看到如此激進的行徑，但在各家社群平台上仍可見男性對女性的攻擊、對自身單身狀態的不滿，或者將其單身狀態歸咎於女性「自視甚高」或「女權過高」等等，也常見以「母豬教」的形式展現於PTT平台上，十分令人憂心。男性當然可以表達自身的不滿或對單身的焦慮，但女性是否確實為造成男性單身焦慮的始作俑者？或許形塑男子氣概、陽剛競賽與男強女弱的背後社會結構才是主因？這或許是我們需要重新思考的。

如果過度認同傳統男性的性別角色與氣質，對此沒有任何質疑與檢驗，就很容易把這套價值展現在自身生活、工作與情感關係中，認為自己「應該」要成為關係中的「強者」、「經濟提供者」，不自覺地以支配權力的方式「壓迫」女方，或用帶有侵略性的形式「追求」對方，企圖展現自身「男子漢」、「男子氣概」的形象，以為這樣才能證明自己是「真男人」與博得女性芳心，殊不知這樣的做法，卻可能讓自己在情感關係中付出代價，除了自己背負沉重的壓力之外，也可能將對方嚇跑了。

或許，我們可以停下來重新思考，自己為何要戀愛？我談戀愛是為了什麼？關係中的情感需求，是每個人都會有的人際依附需求，但如果交友和戀愛的目的，是為了證明自身的男子氣概，是讓自己覺得「我沒問題」、「我是成功男性」，那是否就落入了陽剛競賽的陷阱？如果是為了證明自己的價值，我是否將女伴置於不對等的位置上？她只是為了讓我感覺好一點的附屬品？或是讓我可以表達情感、宣洩情緒的合理對象？彷彿男性表達情緒的對象不是女性、不是女伴，就會對自己的負面情緒或脆弱感到不知所措、難以啟齒、甚至難以面對？

其實，我們需要停下來想一想，這樣的框架與限制是怎麼來的？為什麼男性之間的友誼，只能停留在抽菸、喝酒、講幹話、開黃腔、意淫女性等陽剛競賽中，而無法有情感上的交流？情感交流或提供情緒支持的對象，非得只能是女友嗎？難道不能是同儕或其他對象嗎？當我們能看見父權社會中傳統性別角色的框架與限制，我們才有機會打破霸權陽剛特質的束縛，看見在父權社會中被壓迫的男性，重新建構對於「陽剛」的想像。

男性表達情感並不羞恥、也並不傷及男子氣概，或許當我們能夠對男子氣概有新的省思，就有機會重新拆解我們對男子氣概的建構，男性可以擁有豐富多元的樣態，每個人都可以有自己的樣子、走出自己的人生道路，放下傳統男性肩膀上的重擔，看見男性間友誼新的圖像、提升情感交流與支持的空間，接納與面對人性皆有的脆弱並不懦弱，而是面對真實自我的展現。

第四章

是什麼讓我們如此渴望愛？

走出傷害的第一步，是知道我們正在受傷、指認傷害的事實、揭開隱藏許久但仍然存在的傷口，把「我必須留在原地」改成「讓我離開這裡」，這種嚮往自由的衝動，只能從想要了解的意願開始……

——大衛．里秋，《關係斷捨離》（*Ready*）

當我們未察覺社會期待對我們的影響時，我們可能會積極渴求一段關係，想藉由趕快擁有一個伴侶，好為自己緩解來自四面八方的壓力，但這樣的迫切，有時可能讓我們難以清明地做出選擇，而一再在關係中受傷。

很多時候，大眾對於愛情成癮傾向會有一種負面的觀感或標籤，覺得愛情成癮傾向就是過度渴求愛或缺愛，可是，渴求愛有什麼問題呢？世界上有哪一個人不需要愛呢？不知道你有沒有這樣的經驗，有時候為了健康或身材而長時間控制飲食，放棄許多自己喜愛的美食，但壓抑到了某一天，看到過去一直逼迫自己遠離的美食，就開始忍不住想大快朵頤？愛之於我們也是一樣的，愛就像食物，是使我們得以生存下來的基礎需求，如果長時間得不到，會變得非常渴求、甚至成癮，都是很有可能的。

愛著不斷傷害自己的人，是以為他愛著我們無法愛的自己

說穿了，戀愛成癮傾向者和所有人一樣——需要愛；我們每個人都需要愛，依附理論（attachment theory）相信，渴望愛與依附是人類的天性，甚至是一種使人類生存下來很重要的功能，需要愛其實沒有錯，我們都在找愛，只是戀愛成癮傾向的辛苦在於，從未被好好愛過，當我們身處的原生家庭、成長環境過程中，充斥著關於愛的負面經驗時，我們自然很難安心、自在、坦然、直率地去喜歡這個自己，不要說喜歡了，光是能和自己待在一起，允許他存在、看見他、接納他都很困難。

當我們並不喜歡這樣的自己、反感甚至厭惡這樣的自己時，這時竟然有一個人出現了，對這樣的自己釋放善意，甚至說出他喜歡我們，彷彿他可以接納這樣的我們，或者是我們「以為」他可以接納這樣的我們，這時候，我們會以為自己好像終於可以得到「愛」了，但同時間，我們可能也會很懷疑，自己真的能得到、配得上這份「愛」嗎？他真的喜歡這個我嗎？他喜歡

的我，是真的我嗎？會不會當他發現那個真實的我的時候，他就不會喜歡我了……？當這樣的懷疑出現的時候，當我們覺得自己不配這樣的愛、覺得我們不值得被愛的時候，這些感受、想法、信念，可能都是我們從過去的經驗裡面，一直一直一直感受與體會到的。

所以，有的人可能會說：「那你應該要學著愛自己呀！」「如果你都不愛自己的話，別人怎麼會愛你呢？」「你這樣做，不就是一直在糟蹋自己嗎？像你這樣子，怎麼會有人喜歡你呢？」

但是深陷愛情成癮傾向時，要學會喜歡自己、愛自己真的是一件太困難、或是從未有過的經驗，當我們從未有過被好好對待、被愛著的經驗，就很難體會什麼樣的愛叫做健康的愛，當我們過去的經驗裡缺乏可以參照的範本——健康的、有安全感的情感關係，我們可能也很難以去分辨，什麼樣的對象、什麼樣的人是可以親近的？什麼樣的人是適合我的？什麼樣的對待方式是好的、可以接受的、健康的、不會糟蹋自己的、不是利用自己的、不會傷害自己的、是尊重自己的、是珍惜自己的……？

再者，有時候當過去曾經歷過的痛苦強度很高時，也可能讓我們練就了一身對痛苦很高的容忍度，以至於也許我們碰到一個界線不那麼合理、狀態不那麼好的對象時，我們可能很難察覺，因為假設你從原生家庭或過去經歷的創傷，痛苦程度達到了負一百分，但眼前這位對象也許是負五十分，還是有相對而言「較好」的差異，而讓我們以為對方真的對我們「蠻好」的，也就是說對痛苦的高耐受度，可能讓我們低估了對方對自己的傷害，以及我們對威脅或風險的敏銳度。

對曾經在關係裡受傷的人來說，有時候可能也會急迫地想要從當前的火坑裡跳出來，只好趕快跳進下一個坑躲避，進入下一段我們以為可能會不一樣的關係，因為前一段關係感覺好糟好糟，眼前這個人看起來似乎比較不一樣？可是沒想到的是，我們可能只是從好糟好糟，變得沒有那麼糟，可是會不會還是不夠健康的關係？

更辛苦的是，當在這個糟糕的關係裡面待久了，可能又會再一次認知到，是不是我真的很糟糕，所以別人才會這樣對待我？我一定是有問題，才會遭受到這樣的對待。這讓我們很難有信心，去相信自己值得被愛與被好好對待。

愛自己，其實是個假議題

當我們處於無法愛自己的狀態時，其實並不是不想愛自己、不願意去愛自己或不夠愛自己，而是有可能在成長經驗中，一直以來感受與經驗到的都是這樣：

「你怎麼那麼笨？連這都不會？」

「你煩不煩？到底要講幾遍？」

「你真的很討厭！」

「看吧，都是你！」

「都是你害的！」

「哭什麼哭！就只會哭！除了哭你還會什麼？」

「你給我滾出去！我沒有你這樣的小孩！」

這些批評、指責、威脅、恐嚇，有時甚至不需要以語言的形式出現，也可能是表情、眼神、身體的姿態，像是「嘖！」、「唉！」、輕蔑撇開頭、搖頭、撇嘴、怒目、皺眉、嘆氣、白眼、不耐煩、嫌惡、鄙夷、輕視、轉身離開、漠視……等，都足以讓我們感覺到，自己的存在有多麼令人難以忍受。

或者是，當我們曾經身處於有毒的關係中，對方給我們的反應可能是：

「有人要你就不錯了！」

「你以為你這樣子會有人喜歡嗎？」

「你也不看看你自己，你那個身材、那個長相！」

「我願意跟你在一起，是我可以看到你的好，你以為其他人看得到嗎？」

「等你離開我，你就知道我對你有多好！」

「不會有人像我對你這麼好了！」

若這是我們生命經驗一直以來所體驗到、感覺到、聽到、看到的，我們就很難不覺得這不是我的錯、不是我的問題、不是我不好，而是會慢慢把這些負面的對待歸咎於自己身上，以為：「是不是我有問題？所以我才會被這樣對待？」「一定是我做得不好，他才會這樣對我！」「我真的好爛、好糟、好笨、好蠢，怎麼可能會有人喜歡我！」……。

這些從小到大、從過去到現在別人對待我們的方式，以及對我們造成傷害的過程，都可能影響著我們對自己的看法、感受，以至於我們很難長出對自己正確的認識與適當的尊重，更別談愛著自己、與為自己選擇適合的愛了。

你的身體裡，可能住著一個受傷的孩子

美國長期治療複雜性創傷的資深心理治療師佩特・沃克（Pete Walker）提到[19]，若我們成長的環境讓我們覺得自己不重要、不被愛、沒價值、不安全或不被傾聽，深深地覺得自己「不夠好」，有很高的可能有「複雜性創傷

19 佩特・沃克（Pete Walker），陳思含譯，《第一本複雜性創傷後壓力症候群自我療癒聖經》（*Complex PTSD*），柿子文化，二〇二〇。

後壓力症候群」（Complex PTSD，CPTSD）。

沃克指出，為了讓我們能夠在不安全的環境中成長與生存下來，我們可能不得不發展出「草木皆兵」的心理狀態，這種狀態可能會讓我們為了避免再度經歷「被拒絕」與「被遺棄」的創傷，而發展出補償策略，變得對關係過度警覺、過度迴避或過度依賴討好的狀態。

很多人可能因為對於童年逆境經驗（Adverse Childhood Experience，ACE）所造成的CPTSD不了解，以為那些童年的受傷經驗，是一種個人的主觀感受或想法，這種不論是對自己或他人的誤解，很容易讓許多童年受傷的人，陷入自責與自我懷疑的情緒與迴圈中，但這些受傷並不僅僅是一種主觀上的感覺或念頭，而是客觀且實質的影響——許多實證研究發現，過度、過當的對待，如：虐待、忽視或是物質依賴的父母，實際上會對孩子的生理、心理、大腦、身心發育產生嚴重且深遠的影響。

沃克發現，這些影響甚至會讓我們產生：

一、情緒調節問題

二、相信自己是渺小、挫敗、無價值的，感到羞恥、罪惡或失敗

三、難以維持關係和與他人感到親近

這些反應會顯著地損害個人、家庭、社交、教育、工作、人際關係，或其他重要領域的功能與發展。

美國凱薩醫療機構（Kaiser Permanent）的文森・費利提（Vincent Felitti）醫師和美國疾病管制局（CDC）的羅伯特・安達（Robert Anda）醫師，進一步研究ACE與成年健康風險的關聯[20]，調查了近一萬名成人，了解他們成長經驗中是否曾暴露於童年逆境中，包含：身體／心理虐待、性虐待、生理或情感忽視、父母是否患有精神疾病／物質濫用或入監、父母分居或離婚、家暴等，每經歷其一，ACE分數就上升一分[21]。

---

20 Felitti, Vincent J., et al. "Relationship of childhood abuse and household dysfunction to many of the leading causes of death in adults: The Adverse Childhood Experiences (ACE) Study." *American journal of preventive medicine* 14.4 (1998): 245-258.

21 可參照附錄：童年逆境經驗量表。

接著，他們將ACE分數與健康現況進行統計相關分析，發現了驚人的結果：

一、ACE非常普遍：

- 五二．一％（超過一半）的成人至少有一個ACE經驗
- 四分之一的成人，有兩個以上的ACE經驗
- 六．二％的成人，有四個以上的ACE經驗

二、ACE經驗的多寡，與身心健康狀態有關：

- ACE分數越高，健康現況越差、風險越高
- ACE分數為四分含以上的人，罹患慢性肺病機率是零分者的二．五倍，罹患肝炎的機率也是二．五倍；罹患憂鬱症的機率是四．五倍，自殺傾向則為十二倍
- 吸菸、自我評價健康狀況不佳、性伴侶大於等於五十個、性傳染病的人數增加二至四倍

• ACE分數為七含以上的人，罹患肺癌機率為三倍，罹患心臟疾病風險為三．五倍

娜汀．哈里斯（Nadine Burke Harris）醫師指出[22]，當孩子的童年暴露於逆境的成長經驗中，對孩子的大腦與身心發展會產生影響，研究發現這些經驗會影響孩子前腦的伏隔核（accumbens nucleus）發展，這是大腦掌管獎勵與快樂的中心，與物質成癮有關；同時，逆境經驗也可能會抑制孩子的前額葉皮質（prefrontal cortex，俗稱理智腦）發展，使孩子較難調節自身情緒、理性客觀分析與判斷、控制衝動；或是使孩子的杏仁核處於過度活躍（情緒難以控制、缺乏衝動控制、難以專注等）；HPA軸壓力系統時常處於活化狀態，導致壓力反應過於僵化、缺乏彈性因應方式……等。

因此，從神經科學的角度來看，這不僅僅是主觀感受上的，更關鍵、更

22 娜汀．哈里斯（Nadine Burke Harris），朱崇旻譯，《深井效應》（*The Deepest Well*），究竟，二〇一八。

直接的影響是，這些逆境經驗會抑制、影響孩子的生心理與大腦發展，決定性地影響個體當下以及日後成年的身心健康，及其如何因應未來遇到的挑戰與困難，更甚者影響到未來的人際關係，包含與人建立長期穩定親密關係的能力。

童年情感上的傷，來自於父母的「情緒遺棄」

有些父母因為各自經歷的生命難題，當帶著未被療癒的傷痛時，不見得能夠或很難去好好回應孩子的需求，甚至反而容易對孩子的需求表達感到不屑、厭惡、不耐煩，當孩子的需求未曾被照顧，甚至連被正視、允許需求或情緒存在都很困難時，孩子有很高的可能會學到：「不要有情緒」、「不要有需求」、「不要表達出來」、「不要當小孩」、「要成熟」、「要懂事」、「要乖」、「要聽話」……，每個孩子會從這些經驗中得到不太一樣的解讀，也會各自發展出自己的因應方式與生命歷程，學會這些因應方法，自己才不會被父母討厭、批評、指責、恐嚇或責打，**長期下來，「壓抑需求與情緒」成為一種**

生存下來的方法，這很可能延伸到後續在其他人際關係裡，可能也很難去察覺自己的感受，以及如何表達自身需求和情感。

當孩子表達需求，卻總是得不到主要照顧者的回應、關注與連結時，長久下來，累積的挫折、無力、無助感，很可能會在成長過程中越來越挫敗、甚至越來越憂鬱，因為那個你必須依靠的大人，同時也可能是傷害你最深的人，在你那麼年幼、那麼無助且需要照顧的時候，你只能靠近他、倚靠他，卻總是換得遍體鱗傷；你感覺難以親近他、又深切地需要他，陷入進退兩難的情境。

這樣的心情，是不是很像戀愛成癮傾向者成人後的親密關係狀態？你越是覺得需要對方、想親近對方，但總是讓自己跌得遍體鱗傷？這就是心理學上的概念「強迫性重複」（repetition compulsion），人們在下意識未梳理自身狀態時，容易不自覺地重複過去的經驗，結果無意中找到熟悉、相仿的人，或是我們也許以為這個人和過去不一樣、我們可能希望這個人或這段關係不一樣、我們可能「意圖或期待改變」這個情況等，卻無奈地總是開展出相仿的關係模式。

而在這些關係裡，我們也許會覺得哪裡怪怪的，感覺到不安、恐懼、害怕、甚至是痛苦，但這些想法和感受，很快就會被很多的自我懷疑、自我否定所覆蓋，內在開始出現很多質疑自己的聲音，像是：

「是不是我想太多？」

「是不是我太敏感？」

「我是不是太不知足了？」

「我怎麼可以這樣質疑對方？」

「我怎麼可以把對方想得那麼壞？」

「會這樣想的我，真的是一個好糟糕的人！」

「難怪對方會這樣說我、這樣對我！」

「像我麼糟的人、有人要我就不錯了，我還檢討別人？」

「也不想想我自己是有多好？還敢挑剔別人？」

這些有毒的自我批判和自我攻擊，都可能使我們不敢離開這些有毒的關

係，因為我們很可能會因這些自我攻擊，而覺得是自己的問題，而非對方的問題。

情緒遺棄，讓我們形成有毒的內在批判

當主要照顧者無法恰當地應對孩子的需求與情緒，反而時常用鄙視、輕蔑、不屑的方式對待孩子時，孩子受困於必須仰賴父母親才能生存下來的處境，很容易會因為害怕被父母討厭，害怕失去父母的愛、關注與照顧，害怕被拋棄，而全盤接收父母對自己產生的排斥、不耐煩，於是長期生活在恐懼與不安當中。

隨著父母重複傳遞這些貶抑訊息給孩子，孩子幼小的大腦神經迴路，也會越來越熟悉這些批判自己的聲音，這些反覆出現的苛責、怒火、責罵與嫌惡，會讓孩子很容易內化了來自父母的貶低與攻擊，形成有毒的內在批判，也影響了童年創傷倖存者日後內在的自我對話及與他人的人際模式。

當個體出現感受、情緒或是想表達自我的時刻，內在就會浮現父母過往

的鄙視、憤怒與責罵，而引發內在產生自我懷疑、自我否定、自我鄙視、自我攻擊，甚至是自我厭惡的反應。

孩子的身與心，此時彷彿受困於一幢不斷審判、批評自己的監牢，其內化的有毒批判，也像個獄卒一般，協助父母持續不間斷地完成「羞辱」、「調教」孩子的「大業」，在孩子長大成人後，有意識去清創與療傷之前，都反覆受困於這個大牢中。

這也是為什麼童年曾遭受創傷的倖存者，會受困於自我內耗與自我批評痛苦中的原因，因為當他長大成人後，即使在關係中遭受不恰當的對待，都很難有效地覺察，而可能會很快地先陷入自我貶抑與自我攻擊——先檢討自己、認為是自己有問題，別人才會這樣對待我。

為了得到父母的愛，形成努力、追求完美與討好的「假我」

當主要照顧者的愛、關注與安撫，對孩子來說很難得到，甚至越來越困難，對孩子而言，這就像是獎品或籌碼，需要費力去掙得，在極度缺乏愛的情況下，這種稀缺性也讓孩子變相發展出「更努力」、「更討好」、「更追求完美」的假我，以爭取父母的愛，即使是「交換」而來的愛，都比無愛的空虛、匱乏、孤獨、痛苦，更讓人得以忍受。

於是，一個個年幼的孩子，如同知名瑞士兒童心理學家愛麗絲・米勒（Alice Miller）博士筆下所描繪的，成為了「早熟、懂事、乖巧」的「小大人」[23]，這樣的天賦並不是與生俱來的，而是在環境中不得不長出來的生存機制，來自於父母殘忍的情感剝奪、否定和忽略。而這些從原生家庭學會的生存方式、能獲得情感連結的方式——要「完美」、「努力」、「討好」，也就很容易形成我們日後面對人際關係的方法之一。

要完美：要表現完美才會被愛

孩子在年幼時期身心都尚未發展成熟時，自然會需要經歷許多探索、嘗

23 愛麗絲・米勒（Alice Miller），袁海嬰譯，《幸福童年的祕密》（*Das Drama des begabten Kindes*），心靈工坊，二〇一四。

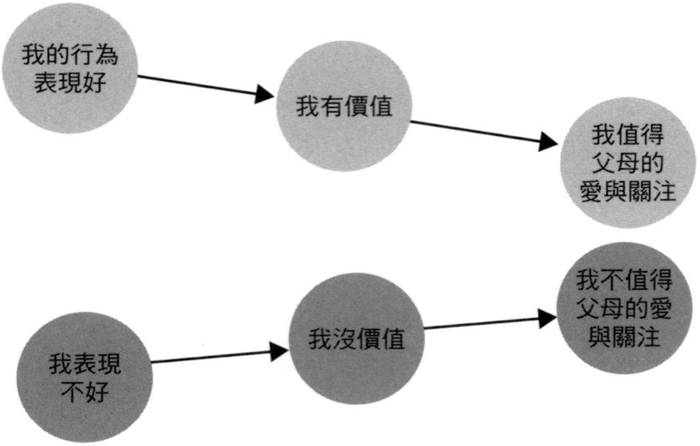

圖二　正向與負向連結

試與犯錯的過程，但情緒不成熟的父母很容易在這些孩子犯錯的時刻，用過當的方式對待孩子，如：大聲喝斥、嘲諷、輕蔑、指責、批評孩子等，讓孩子對於犯錯感到驚嚇、恐懼、不安，甚至以為犯這些錯是肇因於自己的愚蠢、無能、缺陷和瑕疵，孩子會在這些父母的錯誤對待中，認知到：我的行為表現會影響我這個人有沒有價值，而我有沒有價值、能否表現好，都會大幅影響我能否獲得父母的愛與關注，當這個模式在孩子生活的各個時刻不斷重複出現時，他就像受到制約一樣，形成如圖二的正向與負向連結。

因此，孩子會下意識地不斷在生活的各個層面中，盡可能地去「督促」自己、「批判」自己（重複自父母親那裡習得的批判），試圖讓自己表現得更好、更優秀、更完美，以獲得父母的愛與關注。

這些追求完美的背後，其實是充斥著恐懼、不安與害怕，害怕失去父母的關注、肯定與愛，只好透過讓自己表現好，來吸引父母的注意力，好像只有表現好，才能覺得自己是值得被關注的，否則可能時常身處於焦慮與不安中，不知道這樣的關注是否能長存、會保持多久、可以擁有多久，如果我表現不好，你是否還會愛我？

要努力：我必須更努力才能得到愛

由於每個孩子的能力都還在不斷地探索、嘗試之中，不見得每個孩子都能學得夠快、表現得夠好或夠優異，要達到父母的完美與優秀標準並不容易，於是，有的孩子也會在成長過程中，發展出必須「更努力」的生存策略。

但孩子可能也會在過程中內化了來自父母的批判，覺得自己「不夠好」、「不夠聰明」、「不夠優秀」、「反應不夠快」、「天生就是慢吞吞」、「比別人遲鈍」、「一樣的事要講很多遍」、「怎麼都學不會」等，而覺得自己既然無法做到完美優秀，那就只能「比別人更努力」，以試圖在這不符父母期待的劇烈落差中，用努力來補足自己的「天資駑鈍」，在身心發展尚未成熟的過程中，接收了來自父母不符現實的期待或對於完美的幻想。

什麼是不符現實的期待與完美的幻想呢？比如父母的期待，可能根本不是一個年幼的孩子可以做到的，例如有些不成熟的父母，常對長子或長女發出這樣的號令：「你是哥哥／姐姐，你應該要做好啊！」「你都幾歲了，怎麼還這樣？」「不是跟你講過了？到底要我講幾遍！」

這些對孩子的批評，往往忽略了這些出生序為長子或長女的孩子，跟弟妹一樣只是個孩子，只是年長了幾歲，不代表身心已經發展成熟、在各方面的技巧與能力已練習到精熟的程度，退一萬步想，不要說孩子了，像我們已經長大成人了，難道我們都不曾、且再也不會犯錯了嗎？不太可能的，但我們卻將「不犯錯」、「成熟」、「穩定」的期待加諸於孩子身上，這難道不是不切實際的幻想嗎？

無奈的是，即使是長子或長女，仍舊須仰賴父母才能活下來，許多時候還經歷比弟妹更多的批判與責打，卻無法獲得與弟妹一樣多的疼愛、同理心與耐心，這是雙重的剝奪，長久下來從這些疼痛中，他們學習到反抗是沒有用的，可能只會招來更多的批判與怒罵，於是學會必須「更努力」，試圖在努力中贏得父母的關注、肯定和愛。

要討好：讓別人開心，別人才會喜歡我

由於年幼的孩子在家中與父母權力不對等的關係，成年之前，孩子在親子關係裡往往是弱勢的那方，台灣作家吳曉樂在《那些少女沒有抵達》裡這樣描繪親子關係：

> 孩子不理解父母的脾氣個性，吃苦的是孩子；父母不理解孩子的脾氣個性，吃苦的也是孩子。有人說，有些孩子是生來折磨父母的，然而，父母要折磨孩子容易多了，可以打，可以揍，可以嘲笑，可以跟孩

子說，早知道就別生下你了，或者雙手一攤，放著孩子不管，不給孩子食物和水，孩子就會靜靜地死去。

與成人相比，孩子的身形、聲量、情緒、力氣都無法匹敵，即便孩子再怎麼脾氣拗、極力反抗與抵抗，總很難與比自己年長太多的父母抗衡。甚至孩子可能在反抗、抗議的過程中，遭受到來自於父母更強烈、更壓迫性的「懲罰」，於是，孩子只能放棄自己的「抗戰」，不然，孩子能逃去哪呢？年幼的孩子缺乏自我保護與自我養育的能力，最終還是得回到父母身邊，尋求父母的照護與資助，這樣一來孩子的逃跑，反而可能衍生出更多的風險，像是激怒父母、讓自己遭受更多的謾罵與責打。

在這樣長期受挫、受傷的經驗裡，孩子只能學會放棄抵抗，學習如何讓自己在這樣壓迫、敵意的環境中生存下來，如同米勒博士提到的「天賦孩童」（gifted children）[24]，她所指涉的天賦，並非形容孩子與生俱來的優勢，而是形容這些孩童的「早熟」，就像是在暴力與虐待下被迫一夜之間長大的孩子，從許多來自成人的壓迫與暴力中，學習如何更快、更準確地察言觀色，以避開可能的風險，讓自己可以更有效地躲避可能的危險，例如：在察覺到父母今天臉色不對時，自己皮要繃緊一點，要想辦法討父母開心、舒緩父母的心情，像是更懂得父母的喜好，去投其所好，當父母開心，也許就不會將情緒轉嫁或發洩在自己身上，讓自己不會掃到颱風尾，得以在父母的威權下，謹小慎微地覓得一席安身之處。

為了從痛苦與羞恥感中緩解，轉向投入愛情之中

童年傷害的倖存者，長期生活在恐懼之中，就像走在鋼索上一般，深怕自己一失足、一表現不好、一不夠努力，就可能失去父母的愛。

資深心理治療師沃克指出，遭受父母情緒遺棄的孩子，情緒智力與關係智力都會進入發展停滯的狀態，他們從未學到如何與他人建立健康和舒適的

---

24 愛麗絲・米勒（Alice Miller），袁海嬰譯，《幸福童年的祕密》（*Das Drama des begabten Kindes*），心靈工坊，二〇一四。

關係、對愛與他人的關心敞開心房，也沒有人向這些孩子示範，如何在重要關係裡適當地處理反覆出現的正常情緒反應。

當情緒較難透過自我調節時，我們自然會傾向尋求倚靠他人、親近他人來舒緩情緒，尤其當我們的過往經驗中存有較多受傷經驗時，情緒波動可能也較大，就出現了更多需要尋求他人陪伴的時刻。需要他人陪伴、與人連結並沒有錯，只是如何選擇合適的對象就很重要，這段關係是不是真的能給予我們安撫、安慰與照顧？如果我們遭到情緒淹沒的情況太多、太痛苦、太頻繁，又很難去自我調節時，很有可能會在急迫感與難以控制的衝動之下，尋求眼前較容易取得、但對自己而言未必健康或適合的關係。

接著，他們很容易在這樣的關係之中，複製過去孩提時代的型態，盡力去討好對方、對自己要求很高、讓自己的表現保持優異、試圖去彌補自己的種種不足，因為他們以為只有自己更努力、只有自己很優異、只有討對方開心，才能得到對方的愛；而這個邏輯也可能被回推成，如果對方不喜歡自己、沒有得到對方的愛，就表示自己表現得不夠好、不夠努力、是自己的問題、是自己惹對方不開心，他們會持續不斷地自我要求，無止盡地更努力、更討好、更追求完美，以博取對方的愛，但這樣的過程就像跑進看不到盡頭的隧道裡，永遠不會有終點，因為他們幾乎永遠不會覺得自己真正被愛。

當倖存者沒有管道或資源，正確地理解童年逆境及童年複雜性創傷所造成的影響時，很可能會試圖藉由愛情或其他形式的癮，來緩和或紓解長期所承受的情緒痛楚。沃克也提到，物質或其他類型的成癮，可被視為是倖存者試圖用錯誤的方式來分散內在經驗的痛苦。

因此，關鍵在於我們如何去因應自己身處的痛苦，癮雖然可以暫時緩解部分痛楚，但卻非長期解決之道，反而可能讓人陷入一種飲鴆止渴的惡性循環——對倖存者短期有效，但長期而言卻是傷害。

談到這裡，我想再一次提醒，我並不是、也不希望讓人覺得，這些反應是有問題或是不正常的，當我們在過去的經驗裡受過傷、甚至是很重的傷，有這些反應其實是再自然不過的了，絕對不應該用「不正常」或疾病的角度來看待，因為沒有人想自願變成這樣，若我們有選擇，我們也不想讓自己處於如此痛苦、難受的處境裡。發覺我們在過去經驗裡受了傷，這不是我們的錯，也不是要找戰犯，而是我們可以給自己機會，了解在我們生命經驗中發生了什麼事，並開始照顧與修復自己的過程。

因此我想邀請你，能不能給自己一個機會，試試看用一個不一樣的眼光來看待自己，其實，這些反應也許是在那個當下不得不的反應，你也許有你自己的原因，礙於篇幅與時空的限制，我無法完全地了解你，但我想每個人都不一樣，所以每個人的原因與歷程一定也不盡相同，但你之所以成為現在的你，可能經歷了一些事，也許是為了讓你生存下來、讓你可以走到這裡，我們可以做的事情是——試著站在自己那一邊；試著探索、理解自己的原因；試著陪伴自己；在人生已經這麼困難的時候，練習和自己在一起、不苛責自己，即使這過程有多麼地困難與令人不習慣，但我想這可能也是你打開這本書的原因，我猜你可能希望現況有一點點不一樣，這可以是一個開始，而這些困難有時候一個人可能很難面對，你可以邀請你覺得能夠信任的人陪伴你一起走，跨出這一步，就有機會跟過去不一樣。

第五章

僵化的防衛反應，使我們離真實的愛越來越遠

在面對壓力或重大危機時，我們的身心有一套因應系統，能幫助我們從威脅或危機裡做出即時反應。童年時期曾經歷夠好的養育與依附關係，能讓我們在面對真實危險時，健康且有彈性地因應不同情境，去切換運用以下4F防衛反應／生存策略——戰鬥（fight）、逃跑（flight）、僵住（freeze）與討好（fawn），例如：

- **戰鬥**：幫助我們在有必要時，維持健康的界線，並合理地表達、保護與捍衛自己。
- **逃跑**：幫助我們在面臨身心危險時，能即時撤退、停止互動，遠離危險以策安全。
- **僵住**：能讓我們在無法即時反抗甚至逃離時，可以適當地靜止、安靜、偽裝，以換取時間評估與反應。
- **討好**：能以不卑不亢的態度做到討好，包含：傾聽、提供幫助、調停與妥協等。

感到安全	第一階段：社會連結	感覺平靜放鬆、能進行思考處理與解決問題、與人互動與連結
感到危險	第二階段：戰鬥或逃跑	感覺到敵意危險，變得焦躁易怒，藉由行動應戰攻擊或逃離危險
感到生命威脅	第三階段：凍僵或關閉	感受到劇烈威脅，但感覺受困，無法抵抗也無法脫逃時，會凍僵、麻痺、失去力量

圖三　神經梯子

波吉斯博士以多重迷走神經理論說明，人們的自主神經系統（Autonomic Nervous System，ANS），會依據對周遭環境感知到的安全程度，產生三階段反應——社會連結（social engagement）、戰鬥或逃跑（fight or flight）、凍僵與關閉（freeze, shut-down）。美國複雜性創傷專長臨床社工師黛比．黛娜（Deb Dana）將ANS的反應以神經梯子比喻，我們一天的生活當中，都在這個梯子上上下下地移動，見圖三。

但是，資深心理治療師沃克發現，童年曾遭受創傷或反覆經歷創傷，容易使我們難以感到安全、而時常處於過度警覺的狀態，長期下來容易讓我們失去彈性、過度使用４Ｆ其中一或二種方式因應，有可能是因為這是我們在過去經驗中，學到可以讓我們從創傷或逆境中生存下來的方式，讓我們在成年後越來越習慣或仰賴其中一種方式，來應對我們所面臨到的各種情況，以至於我們也可能帶著僵化、缺乏彈性的防衛反應／生存策略，進入感情關係中。

長期處於過度警覺，容易讓我們的身心隨時產生焦慮、恐懼、不安、易怒、情緒敏感等反應，越來越容易固著於其中一種生存策略，進而喪失或限制了其他種反應能力，更甚者可能影響我們的人際關係，包含與人建立長期穩定親密關係的能力。

在愛情成癮傾向中，最常見的可能有僵化的戰、逃、討好類型防衛反應，分別說明如下。

僵化的戰反應：以憤怒和控制要求無條件的愛

凱文是一名成功的新創公司創辦人，在許多需要與其他企業家、贊助者或潛在投資者來往的場合中，他都游刃有餘，他常被形容為自信、果敢、領導力強，合夥人、同事與朋友都對他充滿讚許。

但其他人看不見的是，在親密關係中，凱文卻常常陷入關係無法持續的情感困境。伴侶會反應凱文控制欲強，無法容忍他們的意見不同，甚至感覺到被情緒勒索。

凱文不覺得自己是控制狂，相反地，他認為自己只是努力維繫關係，鞭策對方就像他鞭策自己一樣，他這麼努力，都是希望避免重蹈覆轍。

他成長在一個高壓、威權的原生家庭，父母時常以愛之名要求凱文服從、聽話，凱文的童年充滿了控制與壓力，在家唯一讓他感覺能被接納的方式，就是用順從或表現優異來讓父母開心，這樣的經驗讓他學到了，「只有控制才能換取安全感」的模式。

在親密關係中，凱文以同樣的方式要求伴侶，在凱文需要的時候，對方要隨時給予凱文回應，以此證明自己是「被愛」與「被對方重視的」。當他感受到對方沒有回應或冷淡時，他會變得焦躁，甚至以強烈的憤怒讓對方「就範」，好讓自己能感受到對方對自己的在乎，減輕自己對於被拋棄的不安與恐懼。但這樣強烈的方式，時常讓伴侶感覺到壓迫，最終選擇離開，讓凱文再次陷入更深的失落和痛苦之中。

戰類型在愛情成癮傾向中，很常見於在關係裡控制、脅迫、以情緒操縱他人或對他人情緒勒索、ＰＵＡ他人的一方，有可能因為曾遭受自戀型父母長期的控制，而習得只有掌控權力、以控制或要脅的方式，才能使對方留在自己身邊，讓他人隨時回應與滿足自己的需求，以增加自己的安全感。

由於戰類型通常具有積極、主動、果斷、果敢、堅毅、活潑、擅於表達、擅長指揮與領導等特質，通常在一般社交情境或職場中，也很容易因上述特質受到肯定與欣賞，而更強化其這些特質的發展。但隨著關係的深入與時間的推進，可能因為過去曾被拒絕、被遺棄的痛苦，對他們來說太難以承受，容易使他們太過專注於自身的痛苦，以自我為中心，很難去理解他人感受或換位思考，因而可能會在關係中，展現更多的權力支配或操縱手段，好讓自己更有掌控感。

沃克指出，戰類型相信權力與控制能為他們帶來安全感、降低被遺棄的可能，但這樣的控制與脅迫，實際上卻可能重演了他們童年經驗裡被自戀型父母所壓迫或控制的關係。

對於戰類型來說，討好與關係依賴類型的伴侶，如同為他們量身訂做的「完美」對象，能給予他們很多的理解、傾聽、照顧與關懷，擅於觀察他人臉色、心情與需求，對戰類型來說，也是相對容易控制的對象，他們會不自覺地尋找並「捕獲」這些類型的對象，這樣的組合，容易強化雙方在關係中權力不對等的位置與角色。

僵化的逃反應：以其他事物迴避感受和轉移注意力

宥廷是廣告公司的創意總監，擁有令人稱羨的工作成就、工作效率極高，身邊的同事和朋友形容他是「理性、冷靜、追求完美的典範」，然而，在這光環背後，宥廷卻有著不為人知的孤單與焦慮感。

宥廷總是習慣將所有時間填滿——早起健身、開會、工作、下班參加進修課程，周末還會投入攀岩、抱石以及馬拉松運動等，他總覺得這些忙碌讓自己感覺更有動力和價值。

成長於一個要求嚴謹的原生家庭，宥廷的童年總是圍繞著父母高標準的要求，期待宥廷做得更多、更好，他記得小時候有一次自己考試只差一分就得到滿分，父母沒有半點誇獎，卻皺著眉不發一語轉身離開，他們的冷漠讓宥廷感受到深深的無助與羞愧感，他覺得自己應該要更努力、更完美，來換取父母對自己的肯定。

這樣的模式延續到他的成年生活，尤其在伴侶關係裡，他覺得自己必須「證明」自己夠好、自己才值得被愛，所以每當進入一段感情，他總是更賣力地工作、追求更好的工作表現，期待這個表現夠好的自己，能讓對方感覺到自己是有價值的。

然而，伴侶經常感受到的是宥廷埋首於工作，對這段感情、對自己的忽視，也抱怨宥廷「太過理性、沒有感情」，覺得宥廷總是躲在工作背後、不願展現真實的自己，看不出來宥廷對這段感情的用心。因此，幾乎每段感情都無法長久。

宥廷對此感到非常困惑，為什麼自己這麼努力，伴侶卻還是看不到？自己這麼努力拚事業，不就是在為了兩人的未來打算嗎？到底還要做什麼才對？

逃類型的人可能會因為童年受傷經歷，而變得習慣以不停地思考、分析和計畫等等，或是「逃」進工作、事業或其他高風險的活動裡，讓自己保持忙碌，以逃避感受與情感；因為只要繼續維持忙碌，自己就不用停下來去面對或再次經歷孤單和痛苦，以及在感情上可能會碰到的各種受挫及傷害。

這種不停處於忙碌、計畫、分析中的狀態，也很可能讓逃類型的人體驗並養成「腎上腺素成癮」的狀態，他們可能會為自己設立很多的目標或業績要達成，在這些追求目標、業績或極限的過程裡，會激發腎上腺素，讓人得以保持高張力的忙碌狀態，這樣除了可以讓他們迴避內外在的痛苦之外，也可以藉由達成這些目標、追求完美的過程，讓自己覺得「其實我沒那麼糟」，或是「我變得更好、更優秀了，這樣就會有人喜歡我、愛我了」，藉由不斷地達標、追求更好的表現，來讓自己更有安全感。

這樣的模式表現在情感關係裡，他們會不停地追求要表現得更好、更努力，以獲得對方的愛，他們很難相信有人會單純因為自己這個「人」而喜歡自己，這也讓他們從「外在表現」來證明自己夠好、以及值得被愛。因此，他們也很有可能因為習於思考、分析、計畫的理性特質，以及顯現出冷靜、沉著、理智、情緒穩定、自我要求高等人格特質而被欣賞，但同樣地，他們越是被肯定這些特質，越容易去強化這些特質，而持續在關係裡，用不停努力、情緒隔絕的方式來處理關係。長期下來，伴侶可能會越來越難打破他這層「忙碌、理智、情緒隔絕」的外殼，碰觸與了解真實的他，使兩方的關係越來越疏離。

這樣的狀態對於習慣以自我為中心的戰類型來說，是一個很吸引人的狀態，因為戰類型可以找到一個願意為關係持續不斷努力、持續忙碌、修正與調整的人；但對逃類型的人來說，卻很可能在追求進步與完美的過程當中，不斷被戰類型的人要求、控制、逼迫好還要更好……因而陷入無止盡的忙碌與孤獨中。

僵化的討好與關係依賴反應：藉由討好他人以獲得關注與愛

承恩是一名設計師，性格溫和、善解人意，朋友們總說他最懂得照顧別人，在社交場合裡，他總是能細心觀察別人的需求，讓每個來參與其中的人，都能在活動中感到自在。然而，每當夜深人靜時，承恩常感覺到深深的疲憊與空虛感，尤其在伴侶關係裡，這種感覺更為強烈。

承恩從小在管教嚴格的家庭中長大，高社經背景的父母對承恩期望很高，他也努力在學業和興趣中表現卓越，希望換取父母的關注，但得到的往往是「你應該表現得更好」的回應。偶爾，當他在考試中取得校排前三的優異表現，父母會露出短暫的笑容，這微小的肯定讓他感受到無比地開心，他從此學到，只有不斷努力和迎合他人，才能得到關注、肯定和愛。

長大之後的承恩在感情中，也習慣扮演「付出者」的角色，無條件地照顧與迎合對方的需要，當伴侶感到沮喪時，他會竭盡全力地去安慰，甚至改變自己的計畫與安排，以把對方照顧得更妥善。即使對方忽略他或對他冷淡，他仍會嘗試各種不同的辦法，來讓對方開心，他很怕如果自己做得不好、對方不開心，會不會這段關係就會自此結束？

這樣的特質，讓承恩總是吸引到把他的付出視為理所當然的另一半，得不到相應的回饋與在乎也就算了，甚至還會要求承恩做得更多、犧牲更多。長久下來，承恩感覺越來越焦慮，他常常覺得自己是不是努力得不夠、做得不好、越做越糟，才會讓伴侶不開心？他覺得心力交瘁，不知道要做到什麼程度，才不會失去對方……。

討好型的人，有可能來自於高控制、高標準、高期待的原生家庭，前面幾章有提到，幼兒是很難獨自生存下來的，往往需要仰賴成人才能長大，而當主要照顧者的關注變成一種稀缺性的資源時，孩子自然得費力去爭取、尋求成人的認同，但主要照顧者的關注，何以變成稀缺性資源呢？當家長對孩子設立（以家長為中心、與孩子現況不符的）過高標準、期待與要求，並在同時間給予孩子極少的肯定、極多的苛責，長久下來，孩子會感覺到自己總是做得不夠好，不論怎樣都很難得到父母的肯定。

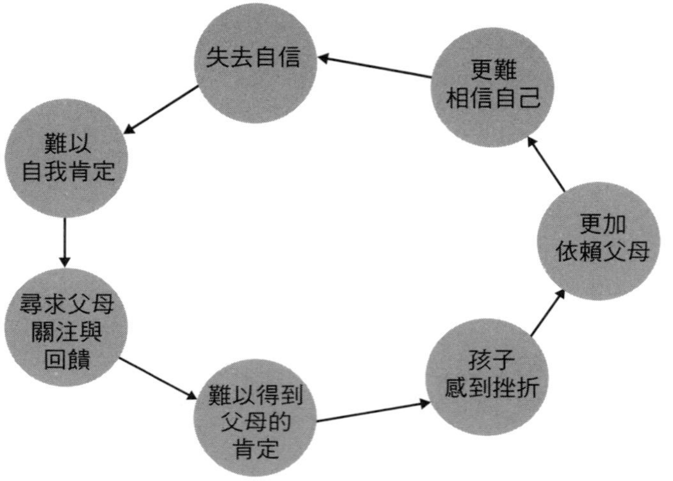

圖四　討好的惡性循環

但弔詭的是，孩子也不見得「完全」得不到父母的肯定，當孩子符合父母的標準時，父母「可能」會給予肯定，這會讓孩子覺得很開心、覺得自己被父母認同，這種被關注的感覺，是每個人與生俱來的情感需求——被肯定、被認同、被看見、被欣賞、被喜歡等，但當這些變成極為偶然、很難獲取、無法預測的資源時，孩子會變得渴求度更高，就好像飢餓行銷一樣，越是限量的商品，人們就越想要、越渴求而越不可得。

因此，偶然嚐到「肯定」這個甜頭的孩子，也會更奮力地鞭策自己往父母的目標邁進，就好像是在驢子前方綁著紅蘿蔔一樣。其實孩子的討好，想討的真的只是父母的愛、肯定、欣賞、關注，或只是一個眼神罷了。

遺憾的是，長期下來，這也會變成一種惡性循環：孩子會越來越難相信自己、失去自信、難以自我肯定，需要時時向父母尋求關注與回饋；但父母的肯定又非常難得到，孩子可能又會越發挫折，變得越來越需要父母的肯定與支持；而越得不到父母的回應與關注，又再次更難相信自己，不斷經歷挫敗與打擊。這樣的討好反應也很可能被帶進感情中，試圖藉由討好「贏得」對方的關注與愛，並在感情關係中再現這樣的互動模式。

僵化的僵反應：躲藏、隔離與人接觸，深信與人接觸是危險的

宇詳是一名程式設計師，他的生活單純規律：早上九點準時上班，晚上下班後回家開電腦，玩遊戲到深夜，過著公司和家裡兩點一線的單

純生活。

宇詳幾乎沒有較親近的朋友，也不參加任何社交活動，他習慣把自己隔離在一個封閉的世界裡，對他來說，與人接觸總是充滿不確定性與壓力，遠離人際關係，是最安全也最可控的選項。

宇詳來自一個高衝突、情緒高張的家庭，父母時而冷戰、又時而爭吵，有時吵到不可開交，甚至連鄰居都會報警，當警察來到宇詳家時，父母也不見得會停下衝突，有時可能還要警察幫著一人勸一邊，才能讓父母之間的衝突緩和下來。

長期下來，宇詳學會了把自己關在房裡，不要出來，免得出來勸架反而「多說多錯」，掃到颱風尾，甚至莫名其妙挨了打，被打得鼻青臉腫，隔天去學校還會被同學嘲笑……。這樣的日子讓他時常感到害怕和孤獨，他逐漸把自己的感受藏起來，發展出一種自我保護的模式——盡可能不與人親近與接觸。

成年之後，他越來越熟悉電腦程式語言，也覺得只要自己邏輯清晰地寫code，電腦總不會背叛你，他越來越投入在電腦與程式的世界，因為這對宇詳來說是最不會傷害他、拒絕他的世界……。

僵類型被置於常見的愛情成癮類型之外，原因為他們相對於前三種反應，比較傾向於遠離人際關係、或與人際關係保持距離。

在防衛反應中的僵反應，其實是一種受困於無法以戰鬥正面對抗危險、也無法從危機中逃離的反應，他們的過往成長經驗裡，可能很少或幾乎沒有正面、健康的人際關係經驗，這使得他們幾乎不願意進入任何形式的關係（友誼、感情或是治療關係等），因為人際關係對他們而言存在太大的風險。

資深心理治療師沃克提到，僵反應可能伴隨著解離反應，他們會長時間睡覺、做白日夢、追劇、掛網、打電動等，透過這些活動，去迴避內在與外在的不適與痛苦，並在孤立中保護自己。

問題不是我們這個人，而是我們如何因應

談到這裡，你可能會感覺很沮喪，覺得為什麼自己會受困於這些僵化的

防衛反應裡，使我們離真實的愛越來越遠？但我們需要釐清，是發生在我們身上的事很糟，不是我們這個人很糟，很多時候，我們受的傷，也可能來自於上一代的傷未曾擁有足夠的資源得以療癒，我們就像是一種代償；我們之所以有這些「戀愛成癮的傾向與反應」，也可能是我們這段時間以來試圖與過往的傷共存、使我們得以繼續生存到現在的方法，只是當我們越長越大，可能會發現這個單一、過於僵化的「方法」，已無法適用於所有的情境、變得不那麼管用了，那我們能不能幫助自己尋求更多資源、拓展其他的方法，可以因地制宜呢？

就如同沃克提到的，４Ｆ的防衛反應其實是每個人在面對重大事件或壓力情境時，身心自然會有的生存反應，當我們能彈性地切換應用４Ｆ，這其實是我們應對各種環境與狀態下，很重要的生存策略。

所以，問題其實不是戰、逃、僵、討好，而是我們能不能因地制宜地彈性切換使用不同策略，或是反應的程度在該情境之下是否適切合理？當我們能不藉由憤怒控制支配他人、也不過度委屈犧牲自己、能以真實的視角看待現實與身處其中，彈性且健康地使用４Ｆ，這將是我們在關係中協調並取得平衡的關鍵。

以一個真實且平衡的角度來看，在人一生的生命歷程當中，沒有人能倖免於傷，但我們能做的是——**不讓過去的傷定義我們，我們可以選擇如何回應，決定要如何與傷共存、繼續走下去。**日本阿德勒心理學會諮商師與顧問岸見一郎曾提過：「關鍵不在於你經歷了什麼，在於你如何運用它。」[25]

因此，意識到我們過去經歷了什麼，願意正視它、好好地重新整理它、好好地對待它，是我們選擇如何因應的第一步，也是我們開始練習自我照顧的第一步。有時候，傷之所以只能是傷，也可能來自於過往的我們未曾擁有可以彈性因應它的資源，當我們長大了，我們也許可以試著給自己更多選擇，決定要如何回應它、養護它，讓過往那個受傷的孩子，可以好好療傷、安穩地重新長大。

---

25 岸見一郎、古賀史健，葉小燕譯，《被討厭的勇氣》，究竟，二〇一四。

第六章

走出愛情成癮：愛情，從愛回自己開始

孤兒的旅程，是為了與自己可能成為的一切有接觸，與我們所有人都擁有的創造力接觸，然後變得完整。與自我省思結合之後，這將重新建立起希望與一份自己擁有未來的感受，就會有生命的線索，有歸屬感、未來感和延續感。

——奧德麗．普內特（Audrey Punnett），《孤兒》（*The Orphan*）

理解自己並沒有錯

當我們深陷戀愛成癮傾向中時，可能都窮盡力氣在尋找一個能夠歸屬的地方。希望有歸屬，其實是每個人都會有的正常依附需求，但遺憾的是，也許過往的匱乏，使我們感覺到尋求歸屬的急迫感，總希望能趕快找到一個自己的容身之處，就像擱淺的魚，迫切地需要找到能趕快回到水裡的方法，不然就只能在陸地上掙扎、翻滾。這樣的困難、恐懼與害怕，也會讓人難以辨識自己所在何處、將往何方，有時候，有些「獵人」總能在茫茫人海中看見他們的獵物，伺機而動，因為他們知道我們要的只是那麼微小的願望——有一個人愛我們、接納我們，讓我們找到一個可以回去的地方。當我們處於一個急迫焦慮的狀態時，很可能使我們誤中了獵人的陷阱。

這也是為什麼很多時候，人們會不斷地說「愛自己」很重要，這是希望當我們貼近自己、了解自己、尊重自己的感受時，我們能察覺情況的不對勁，殊不知能夠愛自己、尊重自己，其實是一件非常困難的事，能夠愛自己其實是好多的幸運組合而成的，因為沒有人可以自己選擇原生家庭，沒有人可以決定我們的身體會在哪裡誕生，沒有人可以決定身邊會遇到怎樣的人，也因為如此，我們不須為此責怪自己，這都不是我們可以選擇的。

但我們長大成人後，我們能拿回自己的選擇。雖然我們無法選擇原生家人，但我們可以選擇「後天家人」（伴侶），我們可以決定要和誰來往、花費多少時間在誰身上、要和對方有多深的交流，這些選擇都是為了要讓我們可以感覺自在、安定，找到一個可以暫時安放自己的地方。記得，你的感覺很重要！

過往，他們忽略、不在乎、否定、壓迫你的感受，難怪現在的你，好難去擁有自己的感受、好難去感覺你的心情、好難去察覺你的意願、好難去表達你的想法，這並不奇怪，這只是說明了在過往經驗裡，你的身上發生了什麼，與你這個人好不好是完全分開的兩件事。你現在可以決定自己是誰，從慢慢貼近你的心情、意願、想法開始，這是找回你自己的鑰匙，一把能開啟你心門的鑰匙，幫助你找到安放自己的地方。

重新設定方向：聚焦找回自己，而非挽回對方

當我們開始想到，也許可以在感情中做一些調整或改變，這可能會讓你開始覺得很不安或害怕，因為這樣的方式不是我們以往習慣的，你可能會開始懷疑：這樣真的好嗎？如果我不再討好他、照顧他、找他，他會不會就不喜歡我了、討厭我了，或甚至不要我了呢？

深陷戀愛成癮關係的人，常常會很希望可以挽回對方，不論身旁的家人、朋友有多麼擔憂，但你可能會覺得是他們不懂、是他們不了解，但會不會並不是他們不了解，而是你好難去面對現實的情況，你可能會開始不自覺地在家人朋友面前，替你的伴侶隱瞞部分訊息，當然我們都希望能讓親友對

伴侶有好印象，但你隱藏的訊息，會不會可能不只是潤飾而已，因為你擔心如果你說了，親友們心裡可能會產生警訊，開始擔心你、提醒你甚至要求你離開這位伴侶，而這些擔憂或警訊，你可能早就在心裡反覆想過好幾輪了，他們的憂慮，可能早就是你好幾個月前的憂慮，只是你總是選擇給自己和對方機會，覺得或許還會有改變的可能、還會有轉圜的餘地。

但關係要改變、有進展的可能，往往不是靠一己之力能促成的，關係的組成，是由你們兩人組成，再怎麼說，彼此都有至少五〇％的責任，試問當你願意、嘗試、努力調整了你的五〇％，那另一半呢？另一半的責任，由誰來扛？如果也是你，這可能也是為什麼你會感到如此辛苦、費力、掙扎、痛苦的原因，因為我們很難靠自己一個人去改變關係，關係需要兩個人一起努力才可能維持。

這也是為什麼設定方向很重要，重點不在挽回對方，因為沒有人能改變他人的自由意志，我們只能調整自己，當我們把焦點擺放在我們無法掌控的人事物上，只會讓我們更加疲憊、無奈、無力與無助，因為這真的不是我們可以控制、可以改變的。

但是，我們可以調整自己，我們可以決定是否要繼續這段關係，我們可以決定要如何來因應，可以給自己彈性和調整的空間，可以給自己選擇，當我們願意給自己選擇，就不會只剩一條路可走。而當我們願意將焦點放回自己身上，我們也才有機會好好地把自己照顧回來，當我們把自己安頓好了，自然更有力氣和餘裕可以因應感情中的困難。

建立安全架構：由外而內重新構築自己的力量，練習自我照顧

當我們開始嘗試在感情關係中做一些新的調整與改變，有可能會因為這不是我們過往習慣的方式，而引發不安與恐懼，或甚至勾起一些過往的受傷經驗，讓你感覺失去控制、對未知產生許多恐懼，或對自己失去信心，因此**在開始療傷的第一步，請幫忙自己建立起安全、具支持性的環境**，有時候尋求專業身心健康醫療資源，是一種可以借助醫療專業人員的力量、走過低谷的方法，在我們覺得靠自己很困難、又不知如何向身邊的親友開口尋求支持時，尋求專業醫療協助可以是一個選項，它並不羞恥，反而是讓我們可以養

傷、休息、修復、借力使力的地方。

大多時候我們對於處理身體的傷痛並不陌生，我們曉得受傷時，要先將傷口清洗乾淨、消毒、清創，再視傷口類型與情況，進行進一步的處置，如敷藥或包紮處理；但在心理的傷痛上，我們卻常常不知道如何處理，可能在極大的恐懼不安下，我們會下意識地壓抑它、掩蓋它，甚至可能在過程中忽略了這個傷是怎麼來的、傷口怎麼樣、裡面有沒有細菌感染……等等。

這有時也可能來自於童年或過往的創傷，讓我們感覺擁有這個傷口、處理這個傷口，好像是不正常的、有問題的、奇怪的、羞恥的、見不得人的，但其實我們都受傷了，只是我們不一定能在當下的環境感到足夠安全，以至於願意把那個我們以為醜陋不堪的傷口，呈現在別人面前。但是當你願意跨出第一步，你會發現，其實有很多人也都曾受過傷，你並不孤單。

找到合適的身心醫療專業人員，就好像在運動時找個專業教練，或是在你身體不適時，找到一個專業的醫師，他可以協助用貼近你、適合你身體現況的方式，去讓你練習和你的身體共處，擬定最適合你現階段的運動或治療計畫，因為每個人身體的狀態都不一樣，心理也是，很難有一套標準的方法會適合所有的人，在這本書的篇幅限制下，我也僅能提供粗淺的大原則，你還是可以依照自己身心的情況來練習，重要的是——過程中嘗試去貼近、認識自己的身心狀態，停止像過去一樣忽略自己的感受，練習傾聽與貼近你身體與心理的聲音，按照自己的步調來閱讀和練習照顧自己。

有時一般大眾對心理健康專業不太熟悉，可能會覺得心理諮商有什麼用？跟朋友聊天有什麼不一樣？這是一個很好也很大的問題，我在這僅就建立安全架構來談，在療癒創傷的路程上，如果你可以找到一位適合你的心理健康專業人員，可能會有什麼幫助。

過去的經驗裡，或許我們無法擁有一位足夠好的家長，為我們建立一個安全與適合成長的環境、陪伴支持我們長大，我們可能在童年經驗裡受傷了，這可能讓我們很難再去相信他人、在社會上或各種環境裡感到安全、甚至對自己有信心，這是可以理解的。這時候，心理師可以扮演那個暫時提供安全依附的角色，幫助我們從受傷的內在孩子，走過這些感到艱困、受傷、難為情的歷程。

這樣的過程中，心理師會藉由建構一個具有支持性與安全感的環境，讓你感覺到心理師是可靠的、會談空間是安全的，以至於能慢慢在這個空間裡較為放鬆、安心地整理自己，進一步更認識、了解自己。特別是，當我們在會談中談起一些受傷的、難受的經驗時，心理師可以陪伴你整理這些經驗，有時這些整理的過程，就好像在幫助你清創傷口，讓過往卡在這些傷口、讓你發炎的東西可以慢慢清理，減緩傷口對你現在與未來的影響。

在這麼痛又特別脆弱的時候，有一個安全的空間能讓你好好清理與照護傷口是很重要的，因此，找到一位你可以信任、可以讓你自在談話的心理師是至關重要的，請不要忽略你的感受，因為在過程中，你的感受會試著告訴你，這個節奏對你來說會不會感覺太快或太慢？這樣的談話方式對你來說會不會太直接或太迂迴？這些細節和過程沒有標準答案，只有適不適合現在的你。正視你的感受，也是你為自己建立內在安全感很重要的第一步。當然諮商與心理治療的架構和進行方式，會依心理師專業訓練背景的取向和學派而有所不同，鼓勵你可以將你的感受提出來與心理師討論，讓心理師有機會更了解你，一起討論看看，彼此怎麼合作會對你們的進程有幫助。

如果對現階段的你來說，要跨出那一步還是有點困難，那也沒有關係，每個人本來就會有自己的步調和節奏，也會有適合自己的方法，可能也需要慢慢醞釀一些勇氣，在這之前，你也可以透過以下方法來幫助自己建立安全架構，不論你要如何開始自我療癒的過程，請記得建立安全架構都是最重要的第一步。如同前面提到的多重迷走神經理論，當我們感覺到可能的危險時，很容易激發我們的生存反應，因此，藉由建構內外在的安全架構，是幫助我們身心調節的方式之一。

從外在開始練習自我照顧

當我們開始嘗試做一些改變時，勢必對我們身心產生一些影響或撼動，這些動盪不安可能會讓我們感覺失去控制，感到恐慌、不安，所以有時候可以藉由外在環境的安排，讓我們有一個暫時安頓自己的安全空間，而有一個實體的穩定安全空間，也比較有機會讓我們的心理，暫時有一個安放的位置。方法包括：

一、建構安全、穩定的生活環境：這種感覺有點像是，如果我知道最近氣溫變化比較大、即將有寒流來臨，我就可以幫自己多準備禦寒衣物，吃得營養一點，幫自己增加身體免疫力。同樣地，在心理上，在我們可以控制的範圍裡，我們也可以透過盡可能地幫助自己，建構一個安全的物理空間環境，讓身心可以休息，畢竟人類最基礎的需求，其實就是生理／身體上的安全。為自己安排或佈置一個你下課或下班後，可以回去安心休息的地方，在這裡你可以不用擔心外在環境的侵擾，不會有讓你感覺不安全、警戒的人或事物干擾你，當我們的身體感覺安全，心理才比較有機會放鬆下來。

二、建構穩定的生活作息：穩定規律的作息有時因為太日常了，很容易被我們忽略，但像是每天的三餐或睡眠無法達到穩定時，會讓我們的身體感受到明顯的變化，簡單地說，當沒有吃飽、睡好，身體其實不會感覺舒服、更別說有力氣，當我們身體感覺飢餓、甚至是不舒服，心理很難不受干擾，而當我們身體疲累、情緒不穩定，勢必也會影響我們的生活和工作。因此如果你希望能讓自己的狀態可以穩定下來，基本的好好吃飯、好好休息、穩定作息，其實是可以初步先著手的地方。

接著，藉由安排明確具體的生活事項、工作事項及行程表等，或是事先計畫一天我們會做的事項、去的地方、搭乘的交通工具、一天的流程等，也讓我們有一個比較清楚的架構可以依循，增加穩定感與控制感。

三、暫緩重大決定與避免衝動性的改變：在我們還不確定自身狀態是否穩定的時候，我們可以先暫緩重大決定，避免衝動性的重大改變（如：搬家、離職、換工作等），這些改變影響都很大，不是說不能做這些決定，而是在做重大決定時，我是否已釐清自己的思緒，能清明地做出選擇與決定？我的經濟狀況是否足以負擔即將帶來的轉變？這個轉變是否在我身心狀態可以負荷的範圍？在感覺脆弱的時候，我們先把自己安頓好就已經很足夠了，其他的事可以一件一件慢慢來。在狀態不好時，若衝動決定，可能也會帶來更多變動，對我們產生更多無法預期的影響與壓力。

從內在開始練習自我照顧

對於有童年創傷或複雜性創傷的倖存者來說，有時在面對感情關係可能存在的依附威脅或危險時，不安全感與恐懼感可能都會引發情緒重現、解離性經驗的再現、侵入性反應（包含影像、想法、感受或身體知覺等）的出現，都會讓我們感到難以承受，幾乎是在那個當下，重新再次經歷了最糟糕且最難受的情緒經驗，這種被不安和恐懼綁架的狀態，常會引發我們的無助感與恐慌。我們可以做的事情包括：

一、辨別與意識自己情緒重現的反應：當類似情況出現時，試著提醒自己：「我現在出現了情緒重現反應，這是情緒重現的反應」，這個提醒會幫助你辨別與意識到自己現在的情況，也可以幫助你越來越清晰地察覺、意識與了解，當自己情緒重現時會出現哪些反應（可能有：情緒感受、認知想法、身體知覺或行為反應等），情緒重現可能會瞬間把你帶到過往的創傷經驗和感受裡，但辨識可以幫助你提醒自己這個情況發生了，辨別與意識是我們可以拿回一點掌控感很重要的第一步，讓我們可以辨別情況的不同，而不是無預警地被突發情況吞噬了。

二、定錨於當下情境：試著在那個當下對自己說：「這些無助、絕望、恐懼的感受，是過去經驗帶來的感覺，現在的我已經長大了，現在我已經N歲，我現在在XX，不是以前的OO，我現在是安全的、沒有危險的。」說出自己現在的年紀，環視現在所處的地點、環境，辨別當下所處環境是否安全，是一種幫自己重新定位的方式，當我們情緒重現時，就好像快要被情緒淹沒一般，藉由將注意力放回當下的自己與環境，就像船下錨一樣，讓自己可以牢牢地抓住當下、回到當下。

三、試著呼吸，給自己安撫、安慰與支持，或採取其他可以使你安穩下來的行動：有時候恐懼感可能會一瞬間像海嘯一樣襲來，幾乎要把你淹沒，讓你的理智無法在當下馬上就派上用場，幫助你辨別和意識，這時候先試著讓自己呼吸，即使一開始的呼吸可能較為短淺、急促也沒有關係，這都是情緒重現初期會有的反應，但你可以藉由呼吸慢慢調整自己，告訴自己：「會感覺害怕、不安也沒關係，這都是正常的反應，慢慢來，你已經做得很好了，慢慢來，沒關係，我知道你很恐懼，我就在這」，就像安撫至親摯愛的孩子一樣，盡可能給自己多一點耐心、安撫與安慰。藉由呼吸的歷程，我們把專注力放回自己的身體，從呼吸吐納中，慢慢調整自己的注意力回到當下。

提醒自己的過程中，如果身體的輕撫、拍打可以讓你平穩下來，也可以試著把手心貼著你的胸口輕撫或輕拍，或是兩手抱胸、輕輕地用兩手交替輕拍你的上手臂。

四、情緒重現過去後，有餘裕時，在安全的時間與空間裡，嘗試辨識會引發自己情緒重現的觸發因子：辨識會觸發自己情緒重現的影響因素，其實是能夠幫助我們恢復掌控感、控制風險很重要的開始，很多時候我們會在情緒重現發生當下，感到很恐慌，這是情有可原的，因為我們可能會覺得它說來就來，自己好像一點辦法也沒有；所以如果在情緒恢復後、有餘裕時，可以給自己安排一個安全的時間與空間，讓自己整理一下，是什麼情境、人、事、物、時間等，可能會引發自己情緒重現的反應？辨識與覺察可能引發情緒重現的觸發點，可以幫助我們在平時可以控制的範圍裡事先計畫，給自己多一點心理準備，知道碰到可能的風險時，可以如何因應。

自我覺察：是什麼讓離開變得這麼難？別讓恐懼挾持你

在過程中，你可能會再次經歷前面章節所提到愛情成癮的特徵，包含：出現強烈的匱乏與孤單感、試圖為對方合理化種種原因、理想化對方、麻木自己、感覺到痛苦但很難下定決心離開、失去自信、嘗試要離開對方但總是無法控制地回頭、感覺羞恥……等。

這麼說可能很奇怪，但當你嘗試要離開，而且開始經歷到上述的循環時，這可能正是你做對的時候。我想邀請你，或許可以試著把這些痛苦的循環視為一種生長痛（growing pain），就好像你從來沒有做過肌力訓練，當你開始嘗試按部就班地做肌力訓練時，你可能會在做完訓練的隔天感覺到肌肉痠痛，因為你可能從來沒有使用過這些肌群，就好像嘗試離開不適合的關係，並不是你在感情中會有的應對方式，這讓你太陌生，也因此讓你感覺到不安、焦慮、害怕，這是正常的感覺，因為你可能會害怕失去對方。

但不曉得你有沒有發現，當以往的你感到不安、害怕、恐懼時，你可能就妥協了、答應對方了、回去找他了，並不是說討好、照顧對方真的那麼糟，但會不會在這個關係裡，好像大多數情況下，你都是那個討好的、委曲求全的、妥協的、配合的、照顧的、給予支持和安慰的角色……那你自己呢？誰來照顧你、在乎你、體貼你、珍惜你的感受呢？會不會這段關係已經失衡了呢？

經歷這個痛苦的循環可能會很難、很辛苦，但也是可以幫助你坐下來，注意觀察這些恐懼的開始。你在恐懼什麼呢？當你可以開始正視你的恐懼時，比較有機會讓你的恐懼不再挾持你，所以觀察這個恐懼，就像是去對你的「敵人」做功課，了解恐懼會在什麼時候出現、恐懼什麼？這些恐懼是真實的嗎？還是想像的？當我們無法清楚地意識和認識恐懼時，我們很容易被恐懼綁架，它就像那個躲在晦暗深淵的魔鬼，你越看不清楚、就越讓你害怕。當我們沒有看清楚那個「魔鬼」是什麼的時候，我們會很容易再次被恐懼的爪子攫住，讓你恐懼離開，你可能會出現這些想法：

離開他就沒有人要我了……

分開的話我就孤單一人了……

我們已經在一起這麼多年，我沒辦法一個人生存下去的……

我已經習慣有他在我身邊了，我不知道要怎麼應付一個人的生活……

沒有他，我就什麼都沒有了……

沒有這段關係，我什麼也不是……

但如果你願意給自己一個安全的時間和空間，安撫自己的情緒，在情緒相對平穩、有餘裕的時候，停下來想一想、整理一下，或是找一個可信任的第三方協助你釐清思緒，會不會其實過去你們在一起的這些年，其實你也都是「自己一個人」度過的呢？

雖然你們表面上確實「在一起」（可能是交往關係或是婚姻關係），但會不會實際上，你的情緒，其實是你自己在應付的？你的生活起居，其實是你自己在照顧的？你的早午晚餐，可能也是自己或跟別人吃的？你的日子看似有他，但在你遭遇巨大的困難挫折或挑戰時，在你身旁安慰的，真的是他嗎？那個會傾聽你、陪伴你、支持你的人，是他嗎？會不會也許曾經在關係初期有過這些浪漫的日子，但後來你開始覺得好孤單，有沒有可能是很真實的感受？也許你負責傾聽他、照顧他，也盡可能配合他、討好他，那些妥協對你來說都沒什麼，因為你更看重你們的關係，所以你真的覺得無所謂，但關係如果真的都那麼好，你為什麼那麼痛苦呢？那些「跟自己說沒關係、算了」的日子，也是你未來想繼續下去的日子嗎？以後的日子，你都想要這樣過嗎？

你有沒有價值，和有沒有跟這個人在一起，是兩件分開的事，找到自己的價值可能是一個很大的題目，但現階段，我們可以先把這兩件事試著分開來，你的價值、跟你有沒有伴侶，是兩件分開的事，不需要把它們綁在一起。這些都是當我們可以把躲在暗處的心魔看清時，一點一點幫自己慢慢梳理的，不然它們可能會像一團毛線球，全部都纏繞在一起，當我們感受越亂、這些思緒也越糾結。

面對害怕失去「依賴」的恐懼：那些恐懼是真的嗎？

很多時候我們很難從一個不健康、不適合的關係中離開，也可能跟我們過去受傷經驗中的恐懼感有關，我們需要依賴、同時可能也害怕依賴，而因為太過害怕，我們就像溺水了一樣，不管是什麼朽木都抓，以為那就可以讓自己不往下沉，卻沒發現自己就像溫水中的青蛙一樣，朽木也許能撐著你一時，但卻沒辦法撐住你太久，慢慢地，它鬆散的結構就會隨著時間顯現出來，但隨時要溺水的恐懼淹沒了你的判斷，只不斷感覺到自己要溺水，只好將手邊的朽木抓得更緊、更牢，你害怕失去朽木，也無暇、無力尋找更有力的浮木。

但是其實，你真的撐不住自己嗎？你身邊真的沒有資源、只有他可以撐住你嗎？你真的無法負擔現在的經濟狀態嗎？你真的像你想像的那麼糟嗎？這麼問絕對不是要責怪你，而是這些其實是很值得思考的，很多深陷感情困擾的人，不乏是自小就相當獨立、出社會後在工作上能獨當一面、單身時也有能力照顧自己的人。

但受困於有毒關係時，你可能會以為自己「只能這樣」，而漠視或低估了自己原有的能力，那這個「依賴」對你真的是好的嗎？能夠幫助你成長嗎？發揮你的潛能嗎？會不會這反而好像變成阻礙你成長的絆腳石了？

過度依賴像什麼呢？我們可以想像看看，也許我們真的會有狀況不好的時候，比如：我可能出了車禍，腳骨折了，所以這段時間我需要借助拐杖行走，但等到我骨頭長好了、復健做完了、腳恢復肌力和行走能力了，我還需要拐杖嗎？

也許你目前身處的關係，並不完全那麼糟，我們也不是要責怪對方是個壞人，但如果你感覺到或認知到這不是你想繼續下去的感情，卻受困於自我懷疑、恐懼和不安，寧可讓自己繼續待在這段關係裡的狀態，就好像你寧可在你骨頭長好了之後，仍然繼續使用拐杖，這其實會造成一些風險，比如：你受傷前原有的肌力、耐受力會開始下降，也許你的平衡感也會慢慢受到影響，也就是說，當我們過度依賴時，其實你也剝奪了自己重新成長與恢復的能力，當你試圖用別的東西來替代，你原先具有的能力可能就會慢慢退化。

跨出改變的第一步真的非常困難，特別是你曾經身處一段讓你難以自拔的關係中，你可能會有一種快要溺水的感覺，這也是為什麼第一步是幫自己建立安全穩定感，找到你的支持資源，這就好像情緒急救箱一樣，它可以在你感覺特別脆弱的時候，給你一點安撫、安慰與支持的力量，這是你練習放下拐杖時，可以給自己多一點力量，幫助自己度過焦慮、不安的工具之一。

這個放下的練習，對你學習怎麼照顧自己很重要，不是說拐杖或輪椅不重要或不好，並不是，它們都是幫助我們度過身體受傷很重要的過程和工具，但重點在於我們如何使用它，而不是誤用它。依賴是正常的依附需求，但若因過度依賴而失去自己的一部分，會不會有點可惜？當我們可以恰當地配合自己身體恢復的情況使用它時，它可以幫助我們度過最困難的時候，也可以在我們快要恢復時，支撐我們度過復健時期，但最重要的是，我們願意在適當的時機試著放手，讓自己的肌力、耐力、使用腳的感覺，能夠在你願意靠自己的身體與力量一步一步跨出去行走時，慢慢長回來、慢慢恢復，甚至發揮出更好的潛能。這會不會也是其實你曾經擁有過的能力與力量，只是不知道在什麼時候，慢慢磨耗掉了呢？

檢驗有毒關係：是什麼讓我們深陷自我懷疑又無法自拔？

有時候，離開對方很困難，除了因為我們會產生自我懷疑、害怕失去依賴，有時可能也和對方的反應有關。在我們懷疑自己太軟弱、太敏感等等之前，讓我們先緩一緩，別那麼快就下這個結論，先檢查一下，會不會其實是這段關係在消耗你？會不會對方總是會藉由貶低你、質疑你、羞辱你，讓你懷疑自己？這時，我們或許可以暫停一下，想一想，這真的是我的問題嗎？

還是對方刻意誤導我？

依據美國國家家庭暴力專線（National Domestic Violence Hotline）調查，煤氣燈（gaslighting）操控可以透過幾種不同的方式出現，以下是幾個常見的例子：

- **質疑**：「你確定嗎？你記性那麼差」、「是你邏輯有問題吧」，以不同方式質疑對方的特質、個性、人格、行為等。
- **混淆**：「我根本不知道你在說什麼，你講得讓我好混亂！」拒絕傾聽對方，並以轉移、模糊焦點的方式，迴避主要的議題，使對方懷疑自己、感到困惑。
- **否認**：用「你不要賴給我，我沒有這樣說」、「沒有這件事，你不要亂說」否認自己的所作所為，拒絕為自身行為負責，或假裝忘記，推諉自己的行為與責任。
- **轉移注意力**：「你不要在網路上看那些有的沒的，這根本就不是真的」、「網路上假消息那麼多，你確定那是真的嗎？」藉由質疑對方模糊與轉移焦點，並以此質疑對方的可信度。

- **使用刻板印象攻擊：**刻意使用關於對方的性別、種族、性向、國籍或年齡等負面刻板印象來攻擊對方。例如：「你去報警啊，誰會相信一個瘋女人的話？」

- **輕視：**「是你太敏感了吧！」「你可以不要那麼玻璃心嗎？」「你可以不要有事沒事就反應過度嗎？」採取上對下的姿態，無視、貶低、指責、怪罪對方。

或許你曾瀏覽過上方煤氣燈操控的手段，但覺得對方不至於真的對你那麼糟，在你們的關係中，他也曾有對你好的時候，所以可能也會讓你感覺很混淆，覺得或許對方不是故意的，他只是一時情緒上來、沒辦法控制好自己的情緒……但當這些想法閃過你腦海的時候，會不會好像又進入了幫對方合理化的過程？

試想，如果對方真的在乎你的感受，他就算情緒再糟，他也可以有別的辦法去處理情緒、表達情緒甚至是宣洩情緒，而不是用貶低、輕視、羞辱你的方式，彷彿他都沒有責任、都是你的錯。你不需要為他的情緒失控負責，你也不需要為關係失衡負上「全部」的責任，他出口攻擊你，那是他的行為，他需要為自己的行為負責任，你不需要為他扛起他的責任。再者，為什麼你得那麼委曲求全、忍受這些不舒服，只為了讓那個造成你不舒服的人感到舒服呢？那你的心情誰來照顧呢？

這個釐清的過程，其實並不是要把對方描繪成十惡不赦的壞人，而是我們需要給自己、對方、這段關係平衡的視角，看見**除了關係中也許曾有過的美好時光之外，也須停止淡化、否認、漠視你在這段關係中曾受過的傷，以平衡的觀點，重新檢視這段關係帶給你的影響。**

關係，只靠一個人的努力是真的遠遠不足的，你值得被好好地對待，我們可以從同理自己開始。

自我疼惜：安撫自己、降低羞愧感，找回離開毒性關係的勇氣

很多時候，習慣在關係裡犧牲、妥協、討好對方的人，其實很能調整自

己、改變自己，但是，這些調整有沒有機會騰出一點空間給自己？這一次，我們試著討自己開心？畢竟，人生並不容易，日子還是得過下去，在這麼難受的時候，「自我疼惜／自我同理」（self-compassion）其實是一個我們能支撐自己度過自我懷疑、自責、自我否定、情緒重現、羞愧感等種種困難很重要的方式。

德州大學奧絲汀分校心理學教授克莉絲汀．聶夫（Dr. Kristin Neff）博士[26]，也是自我疼惜領域中的研究先驅，她提出自我疼惜是：「對自己所受的苦敞開心，被自己所受的苦打動，以關懷與仁慈對待自己，以理解和不批判的態度面對自己的不足和失敗，承認自己的經驗是人類普遍的經驗之一。」

簡單來說，自我疼惜是對待自己像對待身邊陷入困境的至親好友一樣，很多時候，我們對待我們所在乎的人，很自然能展現出接納、寬容與同理心，當我們的好友身處困境時，一般情況下，我們會盡可能地給對方一些陪

---

26 克莉絲汀．聶夫（Dr. Kristin Neff），錢基蓮譯，《寬容，讓自己更好》（*Self-Compassion*），天下文化，二〇一三。

伴、支持或鼓勵，像是：「天啊，怎麼會發生這樣的事！你還好嗎？你一定感覺很糟！」「沒關係，我給你靠，有什麼想說的，我都在這裡聽你說！」

即使你的好友失敗了、事情做得很糟、覺得自己爛透了，或正面臨生命的挑戰，我們也不太可能去苛責他：「就這樣一點小事，你也要大驚小怪？你也太弱了吧？」更不會去數落和嘲諷他：「我看你還是放棄好了！反正你就是個沒用的人！你就在家裡躺著等死好了！」

多數時候我們對於自己在乎的人，都能抱持這樣的愛心、耐心、寬容、接納，卻好難將這樣的疼惜與同理放回自己身上。好消息是，當我們能夠對自己的好友、在乎的對象展現接納、寬容與慈悲時，也代表著我們其實有機會、也有能力做到同理，只是，我們也需要練習把這樣的愛與疼惜給自己。

我知道這很困難，特別是我們的狀態很糟很糟的時候，我們會很像鑽牛角尖一般，陷入自我懷疑、自責、自我否定、自我批判的迴圈，但也是因為這樣，反而讓我們在牛角尖裡越陷越深、越來越自我懷疑、越來越自我否定、越來越自我批判，就好像我們拿起別人攻擊我們的刀，再一次捅向自己，一刀一刀地割，這真的不會讓我們更好，反而會讓情況更糟、更難以復原。

而在愛情成癮關係裡，當我們感覺到痛苦時，我們更容易去尋求以往我們習慣與熟悉的解痛辦法——回到不健康的關係裡，這可能讓我們的處境變得更艱難、更痛苦、更漫長。因此自我疼惜是我們在狀態不好的時候，更加需要去練習的自我照顧能力。

要學習自我同理，我們可以從分辨開始。分辨什麼呢？如果有一些話，我們其實不會對好朋友說，因為這些話太苛刻、又太傷人，那我們也需要練習停止這樣對待自己。同時，我們不會這樣對待我們的好朋友，也反映我們對人有很多的寬和、包容、同理與耐心，我們可以試著練習看看，把這些給予自己。

自責有可能是你從小學習而來的自我鞭策、自我要求的習慣，但這些習慣可能現在反而使我們越來越難受、越來越難去面對眼前的難題，但習慣之所以成為習慣，也是經由慢慢練習和養成而來的，要把習慣改掉當然也是。在日子特別難過、感覺特別脆弱的時候，更需要練習給自己多一點同理，讓我們可以支撐著自己走過最艱難的時刻。

聶夫博士指出，自我疼惜包含三個核心元素：善待自己、人類的共同經驗、正念（圖五）[27]。

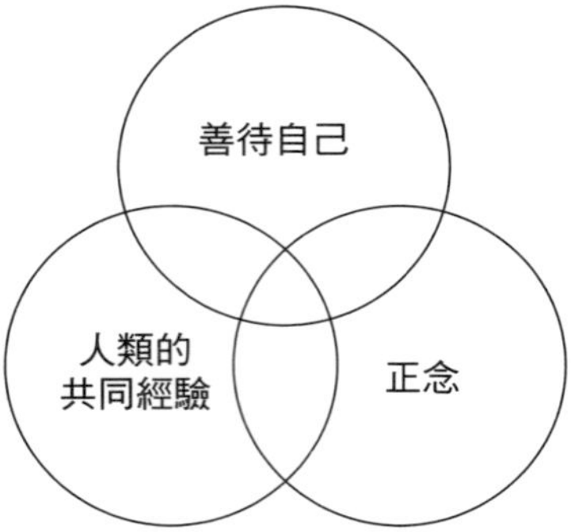

圖五　自我疼惜三元素

一、善待自己：善待自己與關心自己、對自己仁慈。

- 如同對待好友一樣，善待自己、對自己仁慈、以寬容對待自己。
- 當犯錯、失敗或情況不如預期時，停止嚴厲地苛責、批評、評斷、糟蹋自己。
- 試著對自己好，給予自己鼓勵、支持、保護，練習給自己溫暖、無條件的支持，這都是一種安撫、照顧自己很重要的方式。

二、人類的共同經驗：提醒自己，苦是人類的共同經驗之一。

- 當事情不如預期時，停止迴圈式地不停自我苛責，認為「一定」是自己有問題。沒有什麼是完美的，這是所有人類都會有的共同經驗。
- 認清任何人都無法避免會犯錯的事實，體認到每個人都會有瑕疵、有進步的空間、失敗、犯錯、遭遇到困難，這都是正常的。

三、正念：專注於當下，用觀照與覺知面對信念與情緒。

- 以清晰、平衡的態度，覺察當下的感受（情緒）、想法（認知思考）、身體感知、經驗。
- 對當下的一切（感受、想法、身體感知、經驗等），保持開放、不評價、不否定，保持意識、保持覺察，不壓抑、不逃避。
- 以平衡的覺察去面對當下的痛苦，而不是置之不理或特意誇大。

為什麼練習「善待自己」、「認同人類的共同經驗」與「正念」這三者集

---

27 克莉絲汀・聶夫（Kristin Neff）、克里斯多弗・葛摩（Christopher Germer），李玉信譯，《自我疼惜的五十一個練習》（*The Mindful Self-Compassion Workbook*），張老師文化，二〇二一。

合而成的「自我疼惜」這麼重要？很多時候，我們很容易存有一種迷思是：「我不能對自己太好，我現在會遭遇到這些糟糕的結果、正表明了我是一個糟糕的人，所以我活該、我自作孽不可活」；或者是，我們也很容易把「自我同理」跟「自怨自艾」畫上等號，以為承認自己的苦就是軟弱的、丟臉的，但其實這兩者是不一樣的。

資深婚姻家族治療師貝芙莉・英格爾（Beverly Engel）[28]，對於自怨自艾與自我同理進行了比較，自怨自艾的內在自我對話句型可能會是：

> 只有我是這樣，我沒有朋友，也沒有另一半，我會孤孤單單地過一輩子，最後孤獨老死……

自我同理的內在自我對話句型可能會是：

> 我現在沒有親近的朋友，目前也還沒有另一半，這真的很難過，我很怕再也不會有人愛我；從以前的經驗裡，我會有這種感覺、覺得害怕

是可以理解的……

英格爾提到，對過往的創傷經驗，我們會感覺到憤怒其實是重要的歷程，但當我們耽溺其中，寧可持續抱怨過去帶給自己的傷害，因而自認或相信自己無法做出任何改變時，這樣的「自怨自艾」很容易讓我們陷入越來越苦、越來越絕望的處境，進而對自己感覺越來越糟。

當我們處在這個非理性思考裡的時候，我們很難把仁慈給自己，有時候可能來自於我們不覺得自己值得被好好對待，可能會覺得對自己好是自私的，但《仁慈的力量》（*The Force of Kindness*）作者雪倫・薩爾茲堡（Sharon Salzberg）提到：「『凡事先想到自己』和『愛自己』不一樣……後者讓我們更有彈性、懂得寬容體諒，而這些都能讓我們活得更有活力」[29]；自我同理幫助我們正視自己過去所受的傷，在正在經歷的痛苦中給予自己同理，就像

28 貝芙莉・英格爾（Beverly Engel），黃小萍譯，《這不是你的錯》（*It Wasn't Your Fault*），心靈工坊，二〇一六。

29 Salzberg, S. (2005). *The Force of Kindness: Change Your Life with Love & Compassion*. Sounds True.

是幫自己輕柔地清理傷口和敷藥，當我們的傷可以被好好照護時，自我同理可以引發更多的動力，幫助我們踏上復原的道路。

當我們可以練習「善待自己」時，同時也是練習給自己愛；

當我們可以練習「認知到自己的經驗，其實也是所有人類的共通經驗」時，同時也是練習與他人連結；

當我們可以練習「正念覺察」時，同時也是練習把注意力回到當下。

我們也許無法馬上療癒過去，但從這三個面向慢慢地練習自我同理，讓我們有機會在每個經歷困難與痛苦的當下，有方法陪伴自己、照顧自己、對自己寬容，也是我們療傷過程中很重要的基礎。

從僵化的防衛反應中療傷

前述的章節有提到4F防衛反應／生存策略（戰、逃、僵、討好），是幫助我們生存至今很關鍵的生存反應，當我們能健康且保有彈性地切換使用4F，這四種求生策略對我們每個人都是至關重要的。

只是當我們經歷重大創傷尚未復原時，我們可能會容易固著於其中一種策略，以為這是幫助我們解決困境的唯一解方，卻可能讓我們付出代價、在關係中受傷，因此，如何從僵化的防衛反應中療傷、拓展我們求生策略的彈性，是幫助我們從愛情成癮中修復、建立健康關係與親密感很重要的方式。

以下就愛情成癮傾向中僵化的戰、逃、討好類型進行整理（前述章節有提到，僵類型會傾向於避免進入關係，以保護自己免於受傷，所以相對來說比較不會有戀愛成癮傾向的情況發生，因此以下省略僵類型的部分）：

從僵化的「戰」反應中療傷

對於戰類型的人來說，他們在過去經驗到的創傷與痛苦之下，很容易認為問題都在別人身上、自己是沒問題的、都是別人的錯、是別人害的，當戰類型持續抱持著自戀型的自我中心、以受害者自居時，他們很難去意識到自己在關係中所造成的影響，包含：習慣以情緒操控他人、以恐嚇或脅迫的方式控制他人、以指責或攻擊他人來推卸自己的責任等，若他們沒有意識到自己的責任時，他們很難去做出調整，也很容易覺得是別人要負責、是別人要改變。

因此，資深心理治療師沃克指出，對於僵化的戰類型來說，療傷的第一步是正視自己在關係中所造成的影響，認知並覺察自己對對方的指責、批評、威脅、恐嚇與控制，是如何讓他們在關係裡付出代價，包含：可能將對象嚇跑，冒著失去關係的風險，或是這些攻擊與傷害也會影響自身與人親密的能力、阻礙關係的親密感……等等。

並不是說戰類型的人不能有憤怒情緒，而是他們如何表達與處理憤怒，表達憤怒的方式是對關係有益？還是破壞關係？若我們藉由破壞性的方式發怒、批評、蔑視對方，卻期待對方無條件接受，這期待當然並不合理。我們也需要去釐清這種憤怒、失望，是否是現在這段關係所造成？還是源自於對過去經驗的受創與痛苦，只是剛好在現在的關係中被觸發與重現？藉由為自己的受傷釐清焦點，為自己分辨過去與現在關係的不同，能幫助戰類型對過去的受傷憤怒、進而哀悼以及重新照顧自己，讓自己可以回到現在的關係中，避免受到過去干擾而影響現在的關係。

對困於戰類型的人來說，調整自我中心的最佳方式，其實是練習換位思考、同理對方的感受與處境，藉由有意識地向討好型的人學習，嘗試與自我中心和關注自己相反的行動，其實是拓展不同生存策略能力與彈性的好機會。

從僵化的「逃」反應中療傷

僵化的逃類型習慣忙於各種可以讓自己迴避痛苦與負向感受的事物，而這些忙碌可能無形中也讓他們達成外在條件或某些技能的進步與成長，讓他們更強化了投入與保持忙碌的動力，以至於很容易在過往的痛苦情緒一不小心被觸發時，再次做出更多的計畫、投入更多事物，讓自己進入更忙、停不下來的焦慮恐慌狀態裡。

因此沃克指出，當逃類型的人試著讓自己從無止盡的忙碌中慢下來，就有機會將注意力從無頭蒼蠅的瞎忙中轉移出來，這個慢下來、停下來的練習對於慣性忙碌的逃類型來說，一開始特別困難，可以藉由正念冥想練習、從短暫的三十秒至一分鐘的呼吸練習、冥想練習或身體覺察練習，從忙碌中暫時喘息、慢下腳步。

當逃類型有機會慢下來、停下這些忙碌的時候，在安全的時間與空間裡，可以試著進行與迴避感受相反的行動、從事接觸感受的活動，例如：當有情緒浮現時，能不能允許自己讓情緒發生？去稍稍停留在這個情緒中、感覺這個情緒，嘗試和這個情緒待在一起，這其實也幫助逃類型的人去碰觸、貼近自己的感受，有點像是讓逃類型的人練習「情緒拉筋」，與自身情緒更加貼近，這有助於拓展自身彈性，也有助於去探索、接觸進而哀悼自己的受傷感受，當我們能哀悼時，其實也是對自己很重要的照顧與同理歷程。

從僵化的「討好」反應中療傷

對於僵化的討好類型來說，因過往原生家庭經驗或受傷經驗裡，可能長期被壓抑與剝奪自身感受與需求，容易傾向於以他人為中心，習慣以他人的感受與需求為主，同時也習慣了淡化自身感受，以至於對自身的感受和需求非常陌生，很難離開不適合或傷害自己的關係。

沃克甚至指出，對積習已久的討好類型來說，他們甚至沒有辦法為自己表達或拒絕他人，因為這些反應，可能會觸發他們最原始的恐懼——過去原生家庭經驗或關係經驗裡表達自己可能引發的可怕後果。因此，討好真的是他們所學習到，可以在這個家或這段關係裡避免危險、生存下來的方式。

因此，對討好類型的人來說，光是能去面對自己的恐懼這一點，就已經是很大的突破與進展，因為這可能會勾起我們過往經驗中的害怕與不安，而使我們亟欲轉回討好對方，才得以暫時減輕焦慮。但當我們因為太恐懼、太害怕、太焦慮，而轉回關閉自己的感受和需求，就再次回到了我們過往習慣以對方為主、滿足對方的關係狀態。

所以，我們並不是要一下子就從討好對方，轉為馬上拒絕對方、表達自己感受的另一個極端，而是我們能不能看到在這兩個極端之間的光譜？只要試著去想像自己要轉向、要往前跨出一步的過程，其實就已經從以對方為主的那一端走出來了一點，光是這樣，就已經在突破自己僵化的防衛反應了。

而當我們有機會在光譜中，慢慢去面對不再討好對方的恐懼時，我們也給自己機會去貼近自己、看重自己的感受與需求，進而有機會為自己過去所失去的自我保護哀悼，開始重新照顧自己的歷程。

療傷是一個漸進的光譜，不是非此即彼的分界

然而，上述的調整方向其實對各個僵化的防衛反應類型來說，都是困難的，因為身心的創傷後壓力反應，多半是神經系統出於生物本能的生心理反應，很難藉由我們理智上的認知覺察或意識理解，馬上就能有行動上的改變與調整。

如同提出多重迷走神經理論的科學家波吉斯所說，我們會依據自身對於外在環境的感知（「是否安全？」以及「是否有生命危險？」），來區分我們如何以哪一層級的自律神經系統進行反應，這並非出自於理智和意識的反應，而是來自於我們身心的生物本能反應，這是為了幫助我們從重大危難時刻中生存下來，這也是為什麼創傷後壓力症候群容易對我們身心造成深遠的影響，往往需要長期的復原與調養，去減緩我們面對可能的威脅時，觸發的身心過度警覺反應。

這個過程，其實也像是要從我們原先熟悉的「舒適圈」跳脫出來，這過程當然並不舒服，可能也會再次觸發我們的不安全感、焦慮與害怕，因為這與我們長久以來習慣的適應策略完全不同，但這個過程並不是要求大家要去

挑戰自我的極限，或期待馬上一步到位，這樣的期待其實不切實際，因為這並非藉由意識的理解，即能馬上做到知行合一的改變，而是希望提供對於身心壓力反應的理解、看見創傷與療癒的地圖、指引一個遠程的可能復原方向，了解我們可以往什麼狀態拓展，可以把想到達的方向看成光譜的另一端，而不是完全達標的一〇〇%和完全做不到的〇%，而是〇%到一〇〇%之間還有很多不同的階段，雖然復原歷程無法用數字具體明確地量化，但這個比喻是希望幫助我們看見光譜的樣貌，可以從全有或全無中跳脫出來。

在創傷復原的過程中，這一切已經非常不容易，我們可能會因為深受過去創傷的痛苦，而希望自己趕快好起來，或是仍帶著過去創傷形成的內在自我批判，而難以對自己仁慈。這時候，記得自我同理以及有意識地覺察內在的自我批判現在如何對待我們、對我們身心造成的影響是什麼，在這些一小步、一小步的進展過程中，逐步對自己建立起耐心、同理心，並建構自己現階段做得到的合理小目標，不用過於極端地以為：「如果我是僵化的戰類型，我就要從原先習慣以自我為中心，轉向去挑戰跟我現階段完全不同的以他人為中心」，或者是「如果我現階段是僵化的討好類型，我就要從原先習慣以他人為中心，轉向去強勢地捍衛自己、為自己爭取權益」。

當我們設定的目標與自身現況落差太大時，也很可能造成自己太大的壓力與挫敗，這些都不是我們希望看見的結果、不是我們想經歷的過程，因此，合理地為自己設立現階段能力範圍所及的調整，就已經是那個當下，我們所能做的最好嘗試和努力了。

當我們嘗試跨越與突破自己現階段能做的一步時，很有可能會在過程中，觸發我們過去經驗的受傷與痛苦感，記得你可以隨時回到第一步驟，為自己建立內外在的安全架構——從外而內地練習照顧自己，幫助自己安撫、調節與因應這些再次勾起的強烈痛苦、憂鬱、恐懼、羞恥等感受，**這些重現的情緒都是療傷的過程，而非終點。**

再次提醒，內外在的安全架構是創傷修復很重要的基礎，如同前述神經系統面對壓力的反應，是出自於生物本能對於威脅或危險的反應，因此，讓身心感到安全其實是復原很重要的基礎，也對復原的過程有非常關鍵的影響。

有時，我們可能無法在短期內，很快就讓身心壓力反應得到緩解，仍可能會處於過度警覺的狀態，這是可以理解的，因此，先不急著太快給自己貼標籤或下判斷，這個探索不是要去責怪自己反應過激或太敏感，因為我們會感覺不安，通常其來有自，去探索我們的內外在發生了什麼事？是什麼讓我們很難感覺安全？試著攤開和了解是什麼讓我們一直過度警覺？才是幫助我們了解自己的第一步。

在前期，我們可能光是能正視自己所受的傷，就需要很長一段時間、花費很多力氣，這其實也相當正常，畢竟這麼深的傷跟了我們這麼多年，很難在短時間內就能完全撫平，彷彿它未曾存在一樣，也許它已經結了痂，但也不代表如果不小心戳到，就完全不會感覺到疼痛。

療傷的過程需要時間，就好像讓骨折的骨頭復原需要時間，或像要去調整長期的不良姿勢所造成的傷害，也需要時間慢慢練習，在這過程中過於躁進的行動，反而有可能造成反效果。因此，療傷過程中，記得以你當下所能來練習自我同理，這是很重要的基礎，與持續陪伴我們復原的關鍵。

關於僵化防衛反應的復原，因篇幅的限制，其實很難涵蓋各種不同防衛反應類型在創傷治療與恢復過程中，可能面臨的種種挑戰與困難，也很難顧及每個人的差異性，僅能簡述幾個重要原則，如希望了解更多，鼓勵你可以閱讀資深心理治療師沃克的書籍《第一本複雜性創傷後壓力症候群自我療癒聖經》（*Complex PTSD*），沃克在書中針對CPTSD做了非常細緻的解析。由於療癒創傷的過程並不容易，閱讀的過程中可能會觸發過往創傷經驗的感受與反應，若能尋求專業合適的身心醫療／心理諮商／心理治療資源協助你，相信會對你帶來一定程度的幫助。

哀悼理想破滅：不是我們不好，而是發生在我們身上的事很糟

有時，我們在痛苦之時不可能對未來有所想像。人們必須等待其他事物到來，新的創造會帶來嶄新的態度或方式。如果我們無法自己做到這一點，我們可能會讓別人為我們做這件事，但這樣永遠不會帶來內心的平靜。

這種將原屬於自己的驅力和情結都歸咎於他人的傾向，便是所謂的投射，也就是我們將原本屬於自己的某種東西歸因於其他人，而那一個

人終將會讓我們失望。然後，通常也因為對那個人失望，我們必然會將投射撤回，最終自己來處理這個問題。我們所需要的是更高層次的意識狀態，能讓我們拓展自身的覺察以克服可能遭遇到的黑暗。這是一趟非常個人的旅程，有時候會很寂寞。

——奧德麗．普內特，《孤兒》

有些人會以為「對的人」就是能與自己完美契合的另一半，以為只要找到那個「對的人」，他就能填補我失落的另一半、讓自己感到完整；或者是，如果他是那個「對的人」，他就能接納、包容我的一切；如果他是那個「對的人」，那我們就不需要努力了，要這麼努力的關係，表示他不是那個「對的人」。而如果遇不到「對的人」，就是我有問題、我不夠好、我不值得。

但是，這樣的想像有沒有可能太理想？就算人生的某一時刻，我們很幸運地遇上在那個當下看似「完美」的另一半，但也不代表，隨著時間過去，對方與我都不會改變，我們都不用繼續為關係調整、繼續為彼此努力；或者是，對方如果愛我，他就可以或應該完全地接納與包容我的一切。能完全無條件、無止盡地接納與包容，會不會只有神才做得到？

美國婚姻研究權威約翰·高曼（John Gottman）曾提過，在婚姻或伴侶關係中，適當程度的衝突、不滿與失望都是正常的，而能使關係長久的關鍵在於：雙方能以有建設性的方式處理差異、衝突、憤怒與受傷的感受。這麼說來，「感情關係等於無條件的愛與包容」，這樣的理想會不會是我們一廂情願的想像？

也許，我們初識對方時，難免帶著粉紅泡泡的濾鏡，度過了浪漫的熱戀期，但當熱戀期過去，關係可能都得面臨現實的考驗，關係和所有需要經營的事物一樣，需要持續地照護、滋養與灌溉，才可能有成長和度過動盪的空間，而如果我們發覺關係狀態已不如以往或不符期待，我們也需要正視這段關係的現況，嘗試與對方一起溝通、協調、努力，但我們無法控制對方是否願意和我們一起為關係努力，如果當我們盡力做了自己所能做的，我們可能也需要誠實地檢視，繼續留在這段關係裡，是否能感覺到被愛？有價值？彼此照顧？互相支持？有安全感與信任感？如果以上皆非，我們能不能給自己不同的選擇？除了讓自己待在一段讓你痛苦的關係裡，不斷懷疑、否定自己，有時離開也可以是一個選項。

當我們開始嘗試面對與正視一段關係不適合自己，哀悼是很重要的歷程，表示我們願意停止否認，誠實地面對自己、對方和這段關係，沃克指出當我們能開始哀悼的歷程，也能幫助我們走出失去關係可能帶來的恐懼感、羞恥感、不安和憂鬱。

哀悼的歷程包含：允許自己生氣、允許自己悲傷、允許自己表達、允許自己感受。

允許自己生氣

生氣，是我們可以正視自己的傷的開始。當我們可以允許自己生氣，表示我們允許自己在不傷害自我與他人的前提下，可以向外展現負面情緒，停止自我攻擊與自責；生氣表示我們可以找回並擁有自己的界線，生氣表示我們能開始感覺到界線受到侵犯、受到不恰當的對待，我們可以為自己抱不平，可以保護自己和捍衛自己。

生氣作為哀悼歷程的第一階段非常重要，很多時候，我們可能會受困於過往原生家庭經驗裡內化的自我攻擊，覺得是自己的問題、自己的錯、是自己不值得被好好對待等等，而很容易先自我反省、自我檢討甚至自我批判，覺得是自己活該，以為自己才是該氣的對象。

生氣，讓我們以不同的眼光重新看待發生在我們身上的事，去看到我們如何在這段關係裡受傷了、被錯誤對待了，去釐清「是發生在我們身上的事很糟、不是我們這個人很糟」，我們可以生氣地察覺到：「我不需要遭受這樣的對待」，進而停下這些進入不健康關係的惡性循環。

生氣，幫助我們樹立起界線，找回說不的勇氣，這是我們得以保護自己的力量。

允許自己悲傷

很多時候，要從讓我們受傷的關係中離開，可能會有種很矛盾的心情，雖然離開這段消耗和傷害的關係應該是件好事、應該感到開心，但我們仍然會感到悲傷，這兩種心情是可能同時存在的。當人面對失去重要的人事物和從「熟悉的」環境離開時，本來就會感到不安、失落、傷心和恐懼，這是很自然的反應，我們可以試著允許自己因為失去、失落而悲傷。

有時候悲傷、失落、哀悼的歷程會被延宕，也跟我們壓抑自身的悲傷有關，因此，如果能給自己一個安全的時間與空間悲傷，允許自己悲傷、哭泣，其實也是一種允許自己脆弱的歷程，讓我們有機會給予自己同理與心疼，我們可以允許自己去發覺和感受自己在這段關係裡沒有被好好對待、好好珍惜、好好愛著的難過和痛苦，這將是我們理解與接納自己痛苦很重要的開始。

允許自己表達

在安全的時間與環境裡，允許自己藉由書寫、創作或自言自語的方式，讓這些痛苦的感受能以言語或文字的方式被表達出來，這就像是一個意識化的過程。

很多時候，痛苦的感受很難被消化和整理，也跟我們是否被壓抑有關，特別是我們在痛苦裡感覺到羞恥、丟臉、不堪時，我們會更想躲起來、藏起來、假裝沒這回事，好像不去談這些事，就可以當作沒發生過，但當我們越試圖去否認、壓抑這些曾發生在我們身上的痛苦時，就如同我們隨手抓了一塊布、也不知道乾不乾淨，就直接摀住傷口，雖然表面上看起來好像遮蓋住了、看不到傷口就沒事了，但我們都曉得，當傷口沒有被好好清理、消毒，甚至隨意包紮，很容易有發炎化膿的風險。

但表達的確也伴隨著痛苦，就像我們試圖清理傷口一樣，記得給自己多一點耐心，允許我們用自己的速度慢慢來，養傷本來就不是一夕之間的事，耐心與同理是我們療傷路程中很重要的夥伴。

允許自己感受

在療傷的過程中，可能會引發我們生氣、悲傷、痛苦的感覺，在安全合理的範圍裡，允許自己有情緒出現，去感受情緒要告訴我們什麼。很多時候面對痛苦可能會讓我們覺得很恐懼、不安，不知道這樣的痛苦要持續多久、什麼時候才會好，當痛苦來襲時，感覺好像海嘯一樣要將我們吞噬，這種對生活、工作、日常的失控感，會讓我們很害怕去「感覺」這些感受，我們可能會傾向去壓抑、迴避、否認或閃躲。

我們不是說壓抑不好，但壓抑就像雙面刃，當我們越壓抑和迴避時，就越容易累積這些痛苦的感受，如同水庫不斷蓄水一般，直到滿水失控、水庫潰堤，痛苦如洪水猛獸排山倒海而來，我們可能會更容易覺得：「痛苦很糟、很可怕，我最好壓抑它，不然我就會被痛苦淹沒」，卻可能忽略了：「問題其實不是痛苦，而是我們如何處理痛苦」。

當我們可以適當地在「隔絕感受」與「感覺感受」兩端，依自己當下的狀態彈性地進行切換，允許自己當感覺太多、太滿的時候可以先予以隔絕，也允許自己在安全的時間與空間時可以讓感覺出來，其實這樣的切換，能讓我們更有彈性和餘裕去面對這些痛苦。

感覺就好像海浪，它會來、也會走，當我們可以允許它來，它就像可以被疏通的水流，比較有機會避免一直在水庫裡累積，而當水庫可以定期洩洪，就比較不會時常有那種水庫要爆滿、情緒快要失控的感覺。

如果在療傷過程中，情緒來得太洶湧、感覺太過強烈，以至於干擾你的生活與工作，甚至讓你無法負荷、難以承受，請尋求專業身心資源、專業心理治療師或諮商心理師等相關專業人員協助你。

有時候在我們哀悼關係逝去的過程中，可能也會經歷到我們覺得自己有時候好像好一點了，但又突然被打回原形、跌入低谷，這樣的狀態可能會讓我們很慌張、驚嚇、不確定，很懷疑自己真的會好起來嗎？其實這種一下子好了、一下子又變得不好，來來回回、反反覆覆的歷程，在悲傷哀悼的過程裡是很正常的反應。

瑪格麗特·史卓比（Margaret Stroebe）和亨克·休特（Henk Schut）提出雙軌擺盪模式（dual process model）理論，說明我們面對失落的歷程會在「失落導向」（loss oriented）與「復原導向」（restoration oriented）兩端之間，像鐘擺一樣來回擺盪，他們認為適應良好的悲傷調適，是讓自己在這兩者之間有擺盪空間，若我們固著於任一邊，都可能容易形成悲傷調適的困難。

當我們正在經歷悲傷哀悼的歷程中，擺盪到失落導向的端點時，我們會將注意力放在失落關係的悲傷上，沉浸在悲傷中，經歷著一種心理的疼痛，也可能有時不時的情緒發洩，為讓自己好過，甚至努力斷開自己和失去的對方之間的任何連結，不論是實體的連結（停止和對方接觸與見面）或是網路虛擬的連結（解除社群媒體的好友關係、刪除手機照片與訊息等）或是心理上的情感連結（對對方的想念）等等。

有時候，我們又會從失落導向的端點擺盪到復原導向的端點，這時的我們會將注意力放在生活上的改變，也許嘗試一些新的活動，讓自己從悲傷的情緒中轉移，也有可能會試著發展一些新的社會角色、新的人際關係，避免讓自己因悲傷而困擾，且在復原階段所要恢復的並非過去的生活模式，而是能繼續在目前及未來讓自己生活適應的能力。

然而，也會有些時候，我們可能會擺盪在失落與復原兩個端點的中間地帶，這時候的我們可能什麼都不做，在失落的情緒與逐漸恢復中擺盪交替著，我們一方面要對抗失落的情緒，但同時又需要努力讓自己恢復日常生活與工作的狀態。其實有情緒是必然的，任何人都無法一下子就從這樣的失落中走出來，甚至我們在調適失落的過程當中，情緒也會上上下下、起起伏伏、載浮載沉，也許前一秒才正下定決心要從痛苦中走出來過好生活，但下一秒又陷入憤怒與不捨的矛盾情緒中難以自拔，但在這些起伏和擺盪之間，我們也會不斷經歷宣洩悲傷與練習復原的自我照顧，直到我們慢慢適應，開展新的生活。

當我們能理解，這些來回、反覆的過程，悲傷與復原是同時並進的，「失落導向」與「復原導向」兩端其實在悲傷哀悼的歷程中都同等重要，會經驗到悲傷與復原的擺盪也是正常的反應和過程，我們就有機會可以給自己多一點耐心、接納與理解，了解到即使我們已經經歷失落一段時間了，還是可能會有突然陷入悲傷的反應，這是復原中必經的歷程，允許自己可以慢慢來，不須苛責、懷疑或否定自己，在過程中給自己更多的同理與照顧，陪自己養傷。

成為自己的父母：練習自我保護與照顧

童年在原生家庭的受傷未妥善處理時，可能干擾我們與人互動時的內在狀態和反應、經營親密關係的能力，因主要照顧者的忽視或不當對待，剝奪了孩子的聲音、感受、想法與需求，我們可能在某個階段被迫一夕長大，下意識地壓抑感受也習慣了忽略自己，而當我們能開始自我關照的過程，我們也能試著開始重新撫育每個人都需要的基礎需求：保護與照顧，藉由重新練習撫育自己的過程，找回我們的聲音、感受、想法和需求。

只是對於這些從未好好被聆聽的聲音、從未被允許發展的自我，也會讓我們不曉得「自我」到底是什麼？當我們從未有機會為自己活，也會不知道能從何找到「自我」？更不知道我擁有哪些「權利」？這些「權利」是我能擁有的嗎？這樣會不會很不應該？很壞？很自私……？這些內在自我批判都可能使我們在關係中難以適切地表達自己，及與對方互動。

當我們出現這些自我懷疑，甚至自我攻擊的聲音的時候，有可能我們是複製、內化了過往父母對我們的情緒遺棄，當我們意識到內化的自我批判聲音時，也是幫助我們建立起自我保護的時候，為自己抵擋這些聲音，並從這些批判裡，找到能安撫、安慰、照顧自己的地方，讓自己重新找回本應屬於我們作為一個人的權利——生而為人，不論性別、種族、性取向、宗教、階級或其他因素，每個人都擁有被平等、尊重、有尊嚴地對待的權利，這是作為一個人與生俱來就該擁有的。

美國權威臨床心理學家曼紐爾．J．史密斯（Manuel J. Smith）[30]，以自我主張（self-assertiveness）領域的研究和實踐著稱，他提出了十點「主張權利」的概念：

一、你有權利判斷自己的行為、想法和情緒，並對其產生的結果負責。

這表示你有權為自己判斷與決定何為對你適當的反應、行動、感受、思考，但同時我們也須接受自身選擇所帶來的結果，並為其負責。

二、你有權利不提供任何理由或藉口，來證明你的行為合理。

這代表著當你被問到為何這麼做時，你可以堅持你的做法，無須為自身行為提供任何理由或解釋。同時，我們也須接受自身行為帶來的結果（權利一）。

三、你有權利判斷，你是否有責任為他人的問題尋找解決方案。

這代表我們可以決定是否要幫助其他人，即使當我們直接被要求應提供幫助或支持，我們仍擁有答應或拒絕的權利。同時，我們也須接受自身行為所帶來的結果（權利一）。

四、你有權利改變主意。

我們不須永遠堅持過去的決定或觀點，我們擁有改變想法、重新評估、選擇不同方向的權利。這不代表不可靠或不負責任，而是表明人是會成長和變化的。也許他人會因此而不滿，但我們可以為了尊重當下的自己、滿足自己的需求與價值觀，合理地改變立場，而不須被他人的反應綑綁。

五、你有權利犯錯，並為此負責。

每個人都會犯錯，我們都有犯錯的權利，犯錯是學習和成長的一部分，我們可以為錯誤負責，但不須為此感到害怕。

六、你有權利表達「我不知道」。

我們能夠告訴別人我不知道，而不需要試著猜測或硬著頭皮嘗試我們不曉得該怎麼做的事。有的人可能會利用我們的錯誤來操縱我們，但我們不需要為他們的情緒負責。

---

30 曼紐爾・J・史密斯（Manuel J. Smith），歐陽謹譯，《我說不，沒有對不起誰》（*When I Say No, I Feel Guilty*），寶瓶文化，二〇一一。（此處摘錄十要點，為本書作者參考英文原文自行翻譯而成。）

七、在與他人打交道之前，你有權利不理會他人的善意，並保有你的想法。

有時人們會不同意我們的觀點或做法，但我們要如何想、如何行動，不需要他人的認可或批准，我們不須改變自己的立場和做法來讓每個人滿意。

八、你有權利做出不合邏輯的決定。

我們不須對他人表明我們的邏輯，也不見得所有的選擇都可以使用邏輯來表達，有些決定需要創意和嘗試過才能了解，在這裡你可以再度使用權利七。

九、你有權利表達「我不理解」。

如同權利六，我們可以表達自己不理解，因為如果我們不這麼做，我們可能就得附和別人或相信他們是對的，但這可能會讓我們被他人操控，因此要知道我們有這個權利，能判斷別人的反應會如何影響我們。

十、你有權利表達「我不在乎」。

我們擁有不須關心別人感受或想法的權利，我們可以這麼做，同時接受這麼做帶來的結果。我們不須為每個人感到難過，或覺得必須去傾聽別人的問題，我們可以不管別人要如何回應。

上述十點概念，主要是指個人在人際互動中擁有的基本權利，包含：為自我主張、表達需求和情感的權利，這是每個人都應該擁有的權利，得以去表達自己、維護自己的需求、感受與界線，而不須依賴或迎合他人的善意或期待。當我們能以上述十點作為基礎時，也能幫助我們找到自我表達和自我尊重的立基點。

對於自我曾受到壓抑與剝奪的倖存者來說，要能做到上述十點並不容易，擁有自我本該是每個人都應該擁有的權利，卻有可能突然變得令人害怕，但這其實提供了一個很好的框架，幫助我們了解到，我們「本應」擁有這些、我們具有擁有這些的「正當性」與「合理性」，因為對倖存者來說，內化的自我批判可能影響很深，當受到過去經驗的限制、缺乏可參照的範本時，可能會很難發覺原來情況不對勁，以至於很難進一步為自己主張權利、也很難相信自己「可以」這麼做。這些在重新撫育自己的路上很困難、很辛苦的感覺，其實也是可以理解的，但不代表我們「不能」或「沒辦法」擁有這些，而是我們正在走向恢復權利的路上。

當我們能了解自己的權利時，也能幫助我們重新架構健康的自我與關係界線，當我們能感覺到哪裡怪怪的、感覺何時有點不舒服時，我們也比較能夠去參照、察覺到原來自己的權利受到侵害，原來並不是我想太多、也不是我太過敏感，當我們能有所覺察，能慢慢往尊重自己與對方的方向邁進時，其實就是我們嘗試去保護自己與照顧自己的歷程。

恢復自我的過程並不容易，我們可以在有餘裕的時候，試著練習給自己與過往不同的、可以提供你滋養／安撫／安慰／支持的話語，像是：

- 我知道你很努力了。
- 你已經夠好了。
- 你不需要很棒、很完美才能得到愛，因為你的存在本來就是好的。
- 我接納你真實的樣子。
- 不論你是什麼樣子，你都是好的、值得被愛的。
- 犯錯沒關係，這是每個人都會有的，它是我們學習與成長的養分。

- 感覺很糟沒關係，你不需要一直都很好，你可以有感覺不好的時候。
- 挫折與困難是人生中必經的歷程，不代表你這個人不好。
- 當別人不當地對待我，他的行為代表的是他這個人，而不是我。
- 你可以選擇留在你生活圈裡的人，你不需要喜歡每個人。
- 你可以決定你的樣貌、你想成為什麼樣子。
- 你可以選擇你是誰。
- 人生很難，你不一定隨時有答案也沒關係。
- 覺得很難、很苦的時候，停下來休息也沒關係，你不須一直奮力前進。

在復原的過程中，難免會有感覺辛苦到走不下去的時候，我們可以把先前覺得對自己有幫助、感覺很受用或觸動你的話語拿出來，不論是放在你的手機裡、貼在你看得到的地方都可以，就好像情緒的ＯＫ繃，給予自己一些支持與安慰，練習照顧自己。

但當我們狀態稍稍好一點的時候，除了照顧自己之外，為自己建立可信任的、安全的支持系統，其實也是很重要的，能從他人那裡得到保護與照顧，其實也是幫助我們重新充電、獲得力量很重要的方式，我們也能從他人的照顧中，學到好好對待與照顧自己的方式。

只是當我們狀態不好的時候，可能會感覺要找到一個可信任的安全對象很困難，有時借助專業心理健康醫療人員的協助，會有助你找到一個暫時安頓自己的地方，藉由他人的協助，慢慢恢復一點力氣之後，就可以依自己的速度與狀態，練習拓展身邊的人際圈，從中找到可信任的對象與朋友，在當中練習傾聽彼此、照顧彼此，成為彼此的支持，這其實是我們一生當中都需要的。

建立健康的愛情：我們可以親密，也能保有自主

依附理論的提出者、英國精神科醫生約翰．鮑比（John Bowlby）與心理學家瑪麗．愛因斯沃斯（Mary Ainsworth）研究出，依附系統之於人類有以下三種功能：

- **尋求親近（proximity seeking）**：我們會主動尋找依附對象，確保我們和對方有情感與身體上的連結。自生至死我們都會需要仰賴重要他人（significant other）的情感連結、回應與互動。
- **安全堡壘（secure base）**：當我們與重要他人有情感連結，能從重要他人得到安全感、信任感與支持時，這會讓我們感到放鬆、自在，我們會更有自信、更能獨立自主地向外探索世界。
- **安全避風港（safe haven）**：當我們感覺到不安、焦慮、威脅或遇到危險時，我們會尋找依附對象，就像回到避風港裡尋求保護、安慰與情感支持，這樣的安全感能讓我們調節情緒、減輕痛苦、與人連結、信任他人。

以上三個功能，會隨著孩子成長，延伸到同儕友伴關係與成年後的伴侶關係中，美國情緒取向治療（Emotionally Focused Therapy，EFT）發起人蘇珊·強森博士（Susan M. Johnson）博士提到：「情感連結，是一種可以覺察的親密感，也是大腦發出的安全密碼」，從依附的觀點來看，人類作為哺乳類動物，擁有相互依存的需求是再自然不過的事，而孤單、與依附對象分離，都是對依附關係的可能威脅訊號，自然會引發我們的焦慮與不安，這也是啟動依附系統，促使我們找尋依附對象、滿足依附需求的訊號。

因此，感覺孤單、或需要伴侶的支持與安慰，並不是主要的問題，問題是我們如何看待自己未滿足的依附需求、用什麼方式去滿足自己的依附需求，這樣的方式對於自己、對方與關係的影響是什麼。

有時候，有感情困擾的人出現焦慮、恐懼或不安時，很容易自我懷疑，覺得是自己的問題，覺得是自己太黏人、太依賴、太脆弱、太需要對方、太沒安全感，因此如何分辨有品質的依附關係，可以參考強森博士所提出的「具有情感連結的依附關係」[31]，包含以下三點：

- **可親性**（Accessibility）：在伴侶關係中，當需要對方時，伴侶願意敞開心房，讓你可以親近、可以找到。
- **回應性**（Responsiveness）：在伴侶關係中，當需要對方時，伴侶是能夠也願意給予回應的。

- **投入性（Emotionally engaged）**：在伴侶關係中，當需要對方時，對方是投入在關係中、重視你的情緒感受，願意專注在你的身上，也願意保持情感連結。

上述三點其實是成人伴侶關係中非常重要的依附需求，也是促成我們在關係裡擁有情感連結、安全感與信任感的關鍵。鮑比認為，依附系統能在我們有需要時，促使我們去尋求依附對象滿足依附需求，保護我們不受威脅和減輕痛苦[32]。強森博士提到，伴侶能給予彼此情感回應與支持時，能提升關係的安全感，也是維繫伴侶情感連結很關鍵的基礎，她在《抱緊我》（*Hold Me Tight*）一書中編制了A. R. E.問卷，可提供你初步探索你目前的伴侶關係是否具有安全感，如圖六。

---

31 蘇珊・強森（Dr. Sue Johnson），劉淑瓊譯，《抱緊我》（*Hold Me Tight*），張老師文化，二〇〇九。

32 Bowlby, J.(1969/1982). *Attachment and loss: Vol.1. Attachment* (2nd ed.). New York: Basic Books (1st ed. Published in 1969). as cited in Mikulincer, M. & Shaver, P. R. (2007). *Attachment in Adulthood: Structure, Dynamics, and Change*. New York: Guilford Press.

圖六　A. R. E問卷

可親性（Accessibility）：從你的角度來看，你的伴侶是否容易親近	否	是
1. 我很容易就能得到他的注意力？	0	1
2. 我們很容易心靈相通。	0	1
3. 我的伴侶會讓我知道我在他心中位居第一。	0	1
4. 我在這段感情中不覺得孤單或者被拒於門外。	0	1
5. 我能和他分享最深的感受，他會傾聽。	0	1
回應性（Responsiveness）：從你的角度來看，你的伴侶是否會回應你	否	是
6. 如果我需要情感的慰藉，他會陪在我身邊。	0	1
7. 當我需要他來到身邊，我的伴侶會回應我發出的訊號。	0	1
8. 焦慮不安時，我知道自己可以倚靠他。	0	1
9. 即使吵架或意見不合，我仍知道我對他而言很重要，也知道我們終究會和好。	0	1

10. 如果我需要確認自己在他心目中的地位，我知道他可以給我保證。	0	1
投入性（Emotionally engaged）：你們是否真的有將感情投入在彼此身上	否	是
11. 我能很自在地親近他，並信任他。	0	1
12. 我可以毫無保留地向他吐露心事。	0	1
13. 即使不在彼此身邊，我仍對我們的感情很有信心。	0	1
14. 無論是我的喜悅、傷痛或恐懼，我知道他全都在乎。	0	1
15. 我的安全感足以讓我在他身上投入感情而不受傷。	0	1

各項目0-1分，總分15分

7分以上：表示你們的關係往親密、穩固的、有情感連結的方向前進。但關係就像身體健康一樣，仍須兩人一起持續經營，才有可能穩定地發展下去。

7分以下：表示你們目前的關係需要額外的關注與留意，探索看看是什麼讓你們很難向對方敞開自我，影響你們給予對方回應與投入關係。

從這三個層面、十五個題目來看，你可以發現有情感連結的依附關係，真的可以帶給人穩固的安全感、信任感與親密感，而當以上三點的其中一點無法滿足時，可能會引發我們在關係裡感覺到不安，這個不安其實就像是重要關係的警報系統響了一樣，它在提醒我們：「我們的關係怎麼了？」「我們之間是不是發生了什麼事？」「我們的關係是不是有威脅？是不是有危險？」這樣的提醒，其實是要促使我們回過頭來關注關係、保護或維繫關係，不安全感的存在是其來有自的，是有功能、有意義的。

這麼說並不是要讓大家回到關係裡找戰犯、拚輸贏、看誰對誰錯，說實話要在關係裡找戰犯，其實是兩敗俱傷，就算我們爭贏了面子，但很可能付出輸了關係的代價。

為自己的需求負責，也尊重對方有自己的選擇

藉由了解這三個與情感連結有關的層面，其實是希望大家可以試著以一個新的眼光，重新看待自己的不安，探索是從何而來的內／外在刺激引發了我們的不安，讓我們可以為自己的情緒與內在情感依附需求負起責任，而不

是期待對方能自己猜到、讀到我們的需求，並自動自發地來滿足我們。

我們可以用尊重、溫和的態度，試著向對方表達我們的感受與依附需求，讓對方有機會知道、了解我們的需求，但對方也有選擇與決定如何回應的自由。有時候大家可能會有一種迷思是：「可是我跟他講，這就是我『要』來的，這就不是他『真的』『想』這樣做，而是我『要』來的。」

這個迷思其實有一個盲點是，有時候連我們自己都搞不懂自己要什麼了，何以對方就會如神通一般，神準地知道我們需要或在意什麼呢？我們自己的感受、想法和需求，是我們要為自己負起責任的地方，如果我們在意，那也需要向對方表達，對方才有可能接收到，進一步在接收訊息與持續溝通的過程中更了解我們。

試想，如果你的伴侶有在意的事、或感覺到委屈的地方，難道你不會想知道嗎？而當我們能夠表達，其實也是給自己一個機會——讓我的聲音可以被聽到、被理解和被照顧。健康又親密的愛是建立在尊重與平等之上，尊重自己和對方，讓彼此在關係裡是平等的，我可以為自己的需求負責，我也能尊重對方有自己的選擇。

表達需求，並不代表對方就「必須」滿足我，對方聽到需求，當然也有他可以拒絕的自由和空間。有時候有些人害怕或迴避表達需求，可能也會有一種擔心是，覺得自己表達需求好像是在「要求」對方，好像自己對對方很「苛刻」、「要求」很多，好像自己一直給對方很多「壓力」，但這裡也想提供另一個可能性，會不會有時候這個表達與理解的過程，其實不只是對我們自己重要，也是對對方與關係重要？因為對方或許不見得是「刻意拖延／不願意／不想」滿足我們的需求，而是對方根本不曉得，但如果我們擅自替對方決定了他就是「刻意拖延／不願意／不想」，其實無形中也剝奪對方回應我們的空間與意願。此外，有時候我們難免都有自己不那麼喜歡的事物，但不代表我們不願意為了彼此的關係努力，會不會對方也是？

所以，當我們試著表達，而對方雖面有難色卻願意與我們協調時，這也可能是對方願意嘗試給我們的一份心意與禮物：「我雖然沒那麼有興趣或那麼喜歡，可是我在乎你的感受，所以我願意（為了你和我們）這麼做」，我們能不能給彼此像這樣的空間，互相表達、互相協調、理解彼此，與接受對方願意為關係努力呢？

在協調過程中，可能難免會面臨對方的拒絕，我們能否給彼此多一點空間去理解：「拒絕不代表我不在乎你，而是我有我的限制」，有時候對於習慣以對方為中心、自己照顧自己的一方來說，練習向對方表達需求是一件很不容易的事，也可能在剛開始要練習表達的過程中，對於自己跨出的這一大步寄予厚望，覺得：「我這麼難得跟你表達或提出一個需求，為什麼你就不能配合？」我們可能感覺到，一直以來都是自己單方面在付出，這次被拒絕的落差感會帶來不平衡，這當然可以理解，但問題不在於提出需求，而在於我們能不能合理地看待——不見得每個人都可以「隨時」、「一直」有足夠的時間、精力、心力提供協助與回應。

我們能不能試著去釐清與理解，我們不會二十四小時有空、有力氣回應對方，這不代表我們不在乎，而是我們會有自己的限制，這也是為什麼我們需要持續地協調與溝通的原因，去找到我們彼此能「暫時」接受的交集，這個交集或許無法在當下讓我們感到滿意，但可以先找到一個暫時安頓彼此的位置，等到我們有餘裕的時候，可以繼續討論、一起找到共識，這可以是一個滾動式、持續調整與變化的歷程。

朝著彼此的方向努力靠近

有時候，表達的確是一種冒險，這個冒險是我要把我自己的脆弱、感受與需求敞開在你面前，這樣的確冒了一個可能被拒絕與傷害的風險，我們可能會希望避免被拒絕的痛苦，而寧可選擇不說、不表達，因為不期不待就不會受傷害。這當然可以是一種選擇，只是選擇不受傷的同時，也讓我們付出了情感無法被理解、需求無法被滿足的代價。這沒有對錯，只是很多事都是一體兩面的，我們是否釐清自己的感受與想法？為自己清明地做出選擇？這個選擇帶來的結果我能否接受？

我的表達，不是為了操控你，而是為自己的感受與需求負責，在表達的同時，我也能尊重你會有你的感受、想法、選擇與決定，我們試著在過程中，允許彼此找到一個平衡，兩個人都可以是被尊重的主體。

當我們不試圖去控制對方會有什麼反應，或試圖調整自己去改變或影響對方的反應，當我們能放手，不再試圖掌控無法控制的人事物，讓他們去做他們想做的事時，你可能會在過程中，越來越清楚對方真實的樣貌與狀態。

這可能會帶來失望，也許你會發現他真的不尊重你的感受、不在乎你、自我中心等等，但此時你也有選擇，你可以決定在你可以控制的範圍裡要怎麼做，你是否要繼續待在這段讓你受傷、不被尊重的關係裡？或是，我們能給予彼此理解，我們已陪伴彼此走過一段時光，或許過去的「我們」已經逝去，這無關是非對錯、你我好壞，而是經歷時間與人生的洗禮，就現在與未來而言，我們也許已不再是能陪伴彼此的人，在一切變得更糟之前，好好與彼此說再見，或許我們還能記得曾經美好的樣子，那麼分開也不見得那麼糟，反而是我們能成全彼此、祝福彼此的方式。

在關係裡一來一往、互相表達與回應的過程中，其實沒有所謂標準答案，因為每個人都不一樣、每個人在關係裡的需求都不一樣，組合而成的關係互動也會不同，每段關係都會有自己的步調和樣貌，隨著自己、對方個別的改變或關係進入不同的階段，勢必也會為關係帶來改變。因此，溝通、協調其實是一個持續的過程，有時不見得能一步到位，也是很常見的。比如我們嘗試向對方傳遞訊息，雖然對方接收到了，但「接收」跟「理解」有時候是兩件事，不代表對方不願意理解，有時候是每個人都有自己的背景、脈絡、認知與解讀。

因此，互相理解的過程中，有時需要來來回回地澄清、確認、再澄清與再確認，這都是必經的過程，我們也許不見得可以完全了解彼此，但當我們雙方願意嘗試去表達、理解彼此，我們都有機會往了解彼此的方向更靠近，看看能不能在雙方的協調與共同努力中更親近彼此。

深願我們都能真實地面對彼此、如其所是地接納彼此，在關係裡找到對彼此的尊重、善良、勇氣和愛。

附錄

童年逆境經驗量表（Adverse Childhood Experience, ACE）

在18歲以前，你是否覺得／感覺／認為：	否	是
你的父或母或其他住在家裡的大人，時常（或常常）對你咒罵、羞辱、侮辱、說輕蔑的話、或做任何行為讓你覺得你可能會有任何肢體上的傷害？	0	1
你的父或母或其他住在家裡的大人，時常（或常常）推你、抓你、摑掌、朝你丟東西、或甚至是打你，讓你身上有傷痕瘀血或嚴重受傷？	0	1
你的父或母或其他住在家裡的大人，時常（或常常）以你不喜歡的方式碰觸你的身體，或是要你碰觸他的身體，或是要求你做任何性相關的行為像是口交、肛交、或是性交？	0	1
你覺得家庭裡沒有一個人愛你、認為你是重要或特別的，或是你覺得家裡的人並不彼此照顧、彼此間並不親密或是不互相支持？	0	1
你是否沒有足夠的食物吃、時常需要穿髒衣服、覺得沒有人會保護你？或是你的父母因為喝太醉了，或是濫用藥物毒品導致疏忽對於你的照顧，像是你生病時沒有帶你去看醫生？	0	1
你是否失去一位親生父親或親生母親，原因可能是因為離婚、棄養或其他原因？	0	1

你的母親（或是繼母）是否時常被推、抓、打、踢踹、被丟東西，甚至是被人拿刀子威脅？	0	1
你是否和有酒癮問題或是藥物毒品問題的人一起住過？	0	1
和你住在一起的人是否有憂鬱症或其他心理／精神健康疾病，或是否有人曾經嘗試自殺？	0	1
你的家庭（或和你一起住的人），是否有人曾經入獄？	0	1

各項目0-1分，總分10分

ACE量表僅供你了解個人成長經驗中的風險因子，但不代表風險因子越高，就一定會造成嚴重的身心健康影響，仍須視個別情況而定。每個人的成長經驗中，也可能存在著不同的保護因子，如：支持的友伴、鼓勵引導的師長等，因此不須太快將自己貼上標籤、帶入不好的結果解釋當中，此量表只是暫且提供一個角度，協助你在短時間內粗略地認識自己過去的經驗。

然而，研究的確發現，如童年時期暴露在較多的創傷經驗中，對成年後的身心健康的確可能產生較高的風險與影響，因此，此量表僅作為你因應童年傷痛的第一步，如你發覺自己的ACE分數較高，或是探索自己的過程中引發你感覺明顯的身心不適，建議就近尋求相關身心健康醫療專業人員協助。

商周其他系列　BO0359

愛情成癮

打破單身焦慮、容易暈船與極端依賴，解放想用愛情證明自我的你！

作　　者／楊雅筑
責任編輯／黃鈺雯
版　　權／吳亭儀、顏慧儀、江欣瑜、游晨瑋
行銷業務／周佑潔、林秀津、林詩富、吳藝佳、吳淑華

總 編 輯／陳美靜
總 經 理／彭之琬
事業群總經理／黃淑貞
發 行 人／何飛鵬
法律顧問／元禾法律事務所　王子文律師
出　　版／商周出版　115台北市南港區昆陽街16號4樓
電話：(02)2500-7008　傳真：(02)2500-7759
E-mail：bwp.service@cite.com.tw
發　　行／英屬蓋曼群島商家庭傳媒股份有限公司　城邦分公司
115台北市南港區昆陽街16號8樓
電話：(02)2500-0888　傳真：(02)2500-1938
讀者服務專線：0800-020-299　24小時傳真服務：(02)2517-0999
讀者服務信箱：service@readingclub.com.tw
劃撥帳號：19833503
戶名：英屬蓋曼群島商家庭傳媒股份有限公司城邦分公司
香港發行所／城邦（香港）出版集團有限公司
香港九龍土瓜灣土瓜灣道86號順聯工業大廈6樓A室
電話：(852)2508-6231　傳真：(852)2578-9337
E-mail：hkcite@biznetvigator.com
馬新發行所／城邦（馬新）出版集團 Cite (M) Sdn Bhd
41, Jalan Radin Anum, Bandar Baru Sri Petaling, 57000 Kuala Lumpur, Malaysia.
電話：(603)9056-3833 傳真：(603)9057-6622
E-mail：services@cite.my

封面設計／蕭旭芳　　內文設計排版／唯翔工作室　　印　刷／鴻霖印刷傳媒股份有限公司
經 銷 商／聯合發行股份有限公司　電話：(02)2917-8022　傳真：(02) 2911-0053
地址：新北市231新店區寶橋路235巷6弄6號2樓

國家圖書館出版品預行編目(CIP)數據

愛情成癮：打破單身焦慮、容易暈船與極端依賴，解放想用愛情證明自我的你！/楊雅筑著. -- 初版. -- 臺北市：商周出版：英屬蓋曼群島商家庭傳媒股份有限公司城邦分公司發行, 2025.03
面；　公分. --(商周其他系列；BO0359)
ISBN 978-626-390-438-5 (平裝)

1.CST: 兩性關係 2.CST: 戀愛心理學

544.7　　114000660

ISBN／978-626-390-438-5（紙本）　978-626-390-439-2（EPUB）
定價／320元（紙本）　225元（EPUB）

城邦讀書花園
www.cite.com.tw

2025年3月初版